JN280334

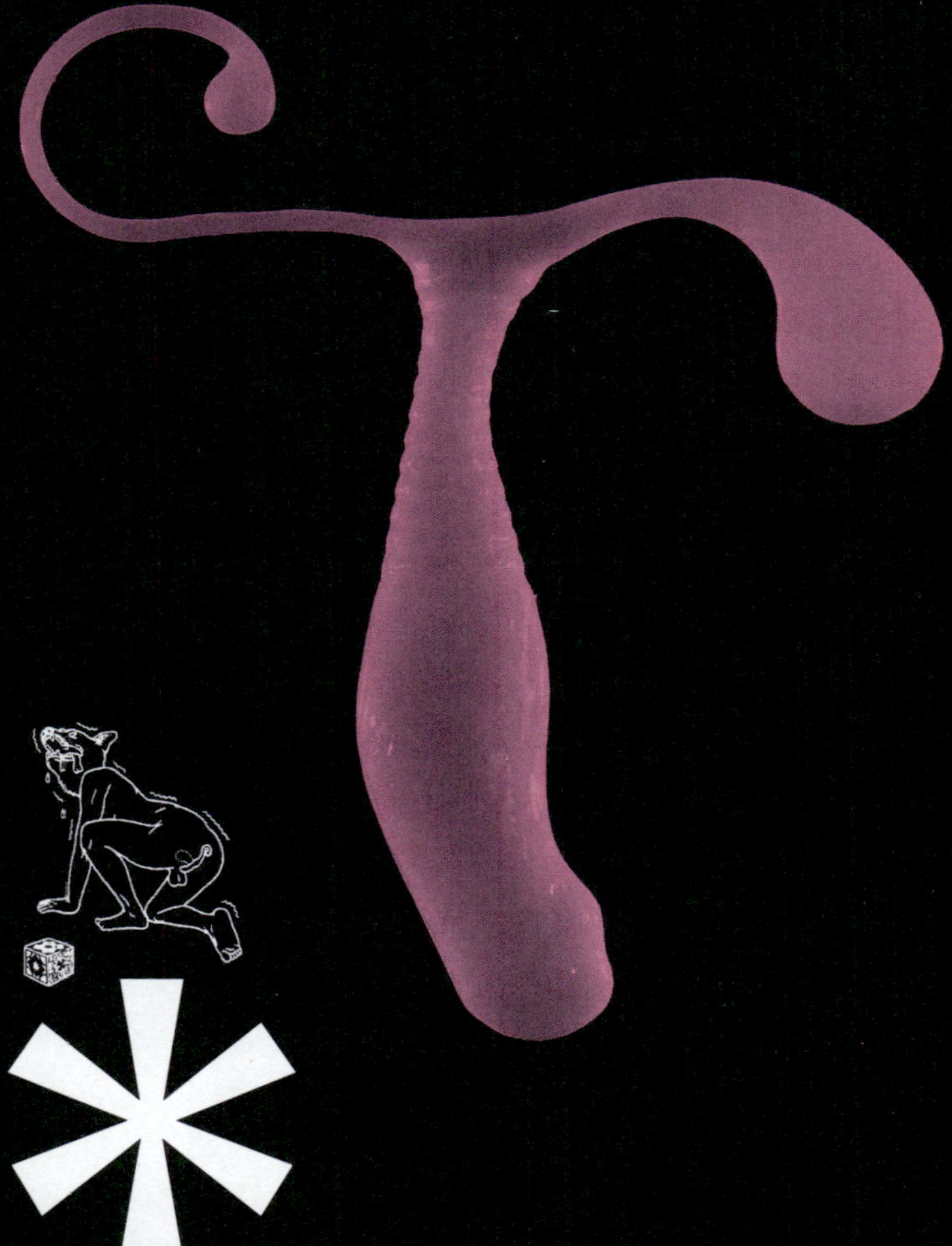

目次

＊本書は著者等が独自に調査した結果を出版したものですが、
本書の内容を参考にした行為の結果について、
著者および出版社は一切の責任を追いかねますので
あらかじめご了承ください。

1

第1章

“終わらない快楽”への誘《いざな》い

プロローグ

人間は気持ちいいことが大好きだ。1日に3度も4度もオナニーしたり、生殖以外の目的でセックスする動物は他にいない。

男は特にその傾向が強い。金玉袋の中にある工場は注文の有無に関わらず、リサーチもへったくれもなしに、24時間体制で製造ラインをフル稼働させている。オタマジャクシの在庫が増えすぎると性犯罪が増える要因にもなりかねないし、定期的に出すことで癌《がん》の予防にもなるのだそうだ。

なにせ棒を握ってしごくだけなので手軽である。その気になれば木陰やエレベーターの中、歩きながらでも処理できるしね（犯罪ですが）。でもなんで、男に限って「処理」とか「出す」とか「抜く」と言うのだろうか？　書類じゃないんだから、もう少し夢があってもいいと思うのだけど……。

手軽なだけに、男のオナニーは味もそっけもない。高まりきった快感は、射精した瞬間にガス切れのライターのごとくしぼんでしまう。

だったら女はどうなのだろう？

性についての研究で名高いアルフレッド・キンゼイ教授【＊1】によると、「女性のオーガズムは男のそれと比較して、快感の度合いが圧倒的に上」なのだそうだ。なるほど。度重《たび》なる調査・実験によって導き出された答えなのだろう。でも「俺たちの快感より圧倒的に上」って、いったいどんな快感なんだ？　と、男なら誰しも想像せずにはいられない。

しかし、こればっかりは「火星の地底に宇宙人の秘密基地があるんだってさ」みたいな噂話と同様に、実際に女にでもなってみない限り、永遠に分からない宇宙レベルの謎だ。でもって、その答えの鍵を握るのが、本書のテーマである「エネマグラ」なるものの存在だった。

初めて「エネマグラ」という名を聞いたとき、どんなものなのか想像すらできなかった。おどろおどろしい語感から『ドグラ・マグラ』（夢野久作：著）を思い浮かべ、小説か何かと勘違いしていた。

その後、「アメリカで開発された前立腺《ぜんりつせん》をどうにかする器具」という追加情報を得たものの、当時の私には前立腺の知識など皆無、前立腺が首にあると思っていたくらいなので（注：首にあるのは甲状腺《こうじょうせん》）、前立腺の正確な位置、そしてエネマグラの正しい使用法を知ったとき「こんなもの、死ぬまでやらないだろう」と確信したのだけど……。

だけど……、エネマグラ通販サイトの掲示板を見て、先駆者たちが荒々しい鼻息を隠そうともせず「ハー、フー、な、なんか、宇宙からの風を全身に浴びる感じ」だの「フー、ヒー、い、意思に反して大声であえぎまくり」だの、魅力的な体験談を語りまくっている光景を目撃するに至り、確信という文字にヒビが入り始め、確信していたその2日後には、通販サイトの販売ページにて、届け先の住所・氏名を記入し、代引き希望の項目にチェックを入れる自分がいた。

これで私も快感クラブに仲間入りだ……。さて、エネマグラが配達されるまでのもどかしい時間、知ったかぶりをしてやろうと、旧友の中田に電話をかけた。

「もしもし、エネマグラって知ってる?」

薄ら笑いを浮かべながら中田に尋ねてみた。当然、奴は知らないと言うだろう。言うに決まってる。

そしたら思う存分エネマグラのことを説明して、すでに購入ずみであることを自慢しまくり、あわよくば洗脳して奴にもひとつ買わせよう……と、企《たくら》んでいたのだが。

「知ってるもなにも、ようやくレベル4あたりまで行けたんだけど、毎日エネりながら乳首つまんでいじくってたらさ……、いじりすぎて左の乳首だけ肥大してきて、右側と比較して倍くらいでかくなっちゃったよ。ど、どうしよう……」

と、思いもしない告白&相談を受けてしまい、なおかつ「レベル4」という謎のキーワードまで投げかけられた私は、意表《いひょう》を突かれて開いた口がふさがらなくなり、しょせんは田舎者にすぎなかった自分を自覚し、光秀の謀反《むほん》を知った信長のような気分を味わった。

心を入れ替えて中田に教えを請うと、本当かどうか知らないが、なんでもずいぶん前から口コミで大流行の兆《きざ》しをみせているそうだ。

それにしても、私の数少ない友人の中で特に冷静沈着で知られる中田が、知らぬ間に乳首を巨大化させてしまうとは……。それでも中田はエネマグラを手放せないという。そんなにいいのか？　と聞くと、奴はフフッと鼻で笑い、何も言わなかった。

本書を読み進んでゆく過程で、たとえあなたが男でも女勝《まさ》りの濃厚なドライ・オーガズムなる究極の快楽を味わえるという真実と、ドライへの鍵となる「エネマグラ」という器具について、多くを知ることになるだろう。

なお、ドライ・オーガズムへの道は必ずしもエネマグラ一本だけではない。本書ではエネマグラ以外のドライ・アプローチ法として、「乳首巨大化」「電気刺激」「プロへの依頼」「前立腺初期化」「アメリカのドライ伝道師」等々について、多くのページを割《さ》いている。

なので「明日から北京に出張なんだよ。忙しいんだからエネマグラのことをさっさと教えてくれ！」というせっかちな諸兄は……。

とりあえず、コラムは読み飛ばしてもらってけっこう！　まずは第2章の冒頭「ドライ・オーガズムとは？」（024ページ）で、目標が何であるか理解しよう。

続いて第3章「備えあれば憂いなし。エネマグラ・セッティング」（084ページ）でエネマグラの事前準備を学んだら、いよいよ第4章「は、は、はいってますエネマグラ」（112ページ）に進み、説明通りにエネマグラを駆使していただければオーケー。

もしも壁にあたったら、第4章の「抜き打ちエネマグラ適正テスト」（149ページ）で自分のミスを確認するなり、改めて巻頭から通読していただきたい。

では、冒険の無事と成功を祈って……。

【＊1】アルフレッド・キンゼイ教授：「男性の性行動（1948）」「女性の性行動（1953）」の2つを併せた通称「キンゼイ・レポート」で知られる、アメリカ・インディアナ州立大学の性研究者。キンゼイ教授の研究は、性がおおっぴらに語られることのなかった時代、全米で大反響を呼んだ。

＊キンゼイ研究所：http://www.kinseyinstitute.org/

キンゼイ博士、
蝶ネクタイが素敵♡

女っていいよねー。

男の絶頂よりも女の絶頂のほうが凄《すご》い……というのは世の定説である。ただ、男女どちらも相手の快感を知らないわけだから、比較はできないはず。そう言い切ってしまう根拠はあるのだろうか。

男は下腹部のズルムケ・ジョイスティックをしごくだけで絶頂に達するが、女の場合、そう簡単でもないらしい。だから、たぶん凄いんだろう。

エロ小説などで体験談を読むと、女のほうが凄そうだから。

大多数の男が思い浮かべるのは、まず、こんなところだと思う。

たしかに、エロ本や女性向けの官能小説を読むと、しばしば夢のような快楽が詳細かつ迫力のある表現で描かれていたりもして、羨《うらや》ましさで口元が緩んでしまう。

「身体から魂だけが抜け出ちゃったみたい……。ものを考えることができなくなって、頭の中が真っ白になって、海底にフワフワ浮かんでいるような……」

そもそも女はロマンチックに語る術に長《た》けている。男の絶頂だって、もっと壮大に表現すればまんざらでもないのかもしれない。試しにやってみると。

「グガガガガガ！　ワシの五臓六腑《ごぞうろっぷ》はミクロの世界まで濃縮されたかと思うと、尿道から音を立てて飛び出し、地球から5500光年先の馬蹄《ばてい》星雲まで一気にワープ。おお、神よ！　宇宙の深遠から白い濁流が彗星のように東京都文京区の俺の部屋で渦巻きを形成し、白龍に変身したかと思うと、いつもおしっこの出る穴から津波のごとく噴出、とともに部屋中が雪景色に染まって……」


読んでいただければわかる通り、書き方ひとつでどうにでもなってしまうものだ。

そもそも地球上に存在するエロ・メディアの大部分は、つい最近まで男が牛耳ってきた。男ならば主な読者である同性の快感を充分知りつくしている。だからあえて男の快感表現をはしょり、未知なる女の絶頂ばかりをダイナミックに描写し、これが定説として文明社会に定着したのだという考え方もできる。

オーガズムは個人差も激しく、いつでも簡単に再現できるという類《たぐい》のものでもない。なので、その仕組みはあまりよく解明されていないというのが現状だ。

アメリカの高名な性科学者、マスターズ夫妻【＊1】が研究・発表したグラフを見てみよう。典型的な女性のオーガズムを、3種類の曲線で現したものである。

［次ページ・「女性の快感曲線」参照］

偉大なマスターズ夫妻は女性オーガズムの快感度数を「興奮」「安定」「絶頂」「減退」と4つに分類した。簡単に説明すると、

「興奮」（Excitement）＝あそこヌレヌレ。お豆さんは充血。
「安定」（Plateau）＝より快感が強まり、膣が締まる。呼吸ハアハア。
「絶頂」（Orgasm）＝全身硬直、ビクビク状態。
「減退」（Resolution）＝シラフに戻りつつある状態。

といった感じ。これを踏まえてグラフを眺めると。

1は、一度絶頂に達したあと、時間差で複数回のオーガズムを体験するパターン。グラフ上では2回後に減退しているが、3回、4回と連続して絶頂を味わう女性もいる。

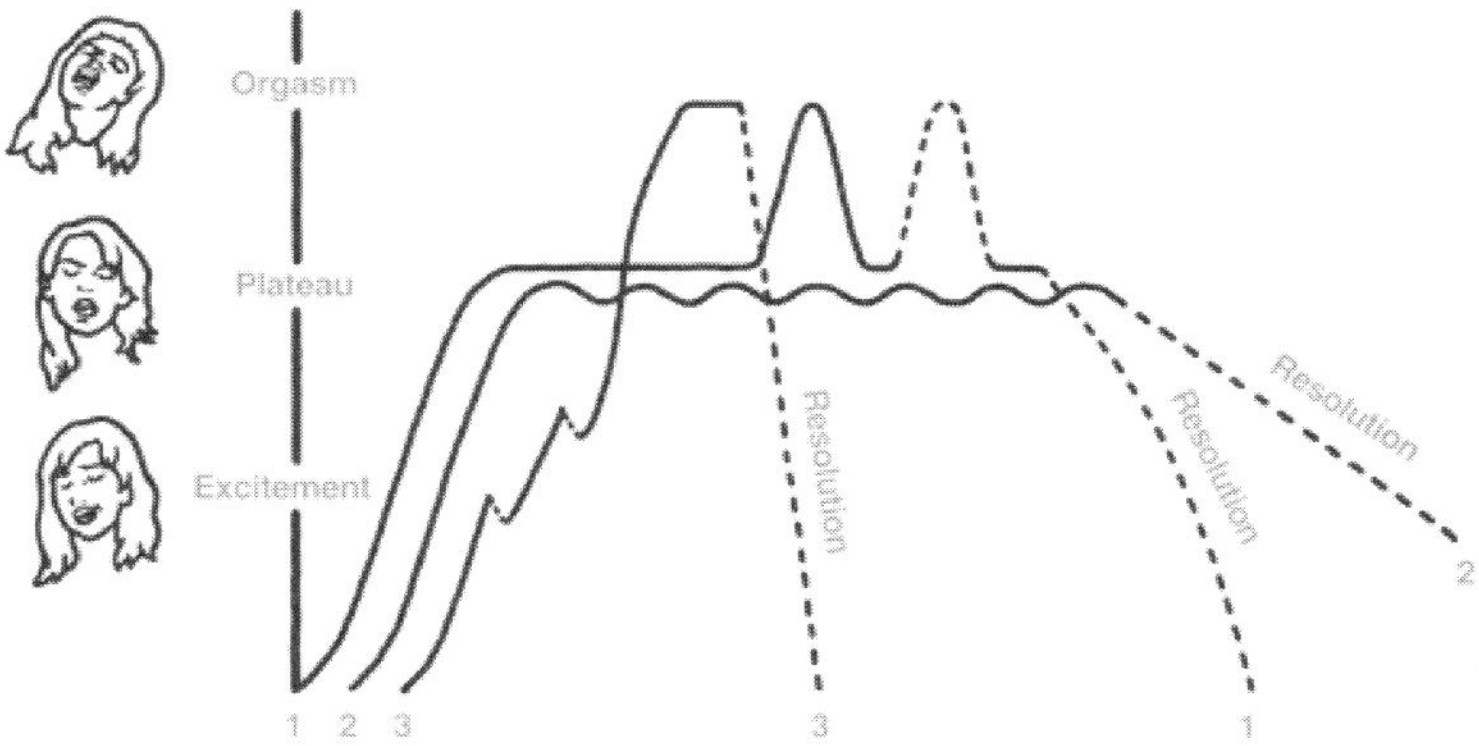

［女性の快感曲線］『Masters and Johnson on Sex and Human loving』より。
William H. Masters, M.D./ Virginia E Johnson/ Robert C. Kolodny, M.D.

刑事コジャック……ではなくて、
ウィリアム・マスターズ博士
&バージニア・ジョンソン博士夫婦

2は、絶頂には達していないものの、平坦な快感が長時間ぐねぐね持続し、その後、ゆっくり収束してゆくパターン。

3は、絶頂に達したあと、余韻も残らず急速に覚《さ》めるパターン。

男の場合はどうだろう。射精したら最後、曲線どころか直線的に急降下。余韻もくそもなく我に返ってしまう。つまり、3のケースに最も近い。

射精した直後の男の脳内には、意図しなくとも外敵やムカつく上司の顔が浮かび、仕事の悩み、ローンの返済など、現実的なあれこれが重くのしかかる。そして「あっ。こんなことしてる場合じゃないぞ！」という最悪の状態に陥る。

オナニーならまだしも、あまり好みでもない女と性交などしていようものなら、出す瞬間まで繁殖本能で押さえつけていた嫌悪感が暴発。「よかったわ……」と上気《じょうき》した女に抱きつかれた瞬間、「俺、仕事あるから……」と顔をそむけつつシャワーも浴びずに帰宅することに……。

どうして男はすぐ我に返ってしまうのか。動物の世界を見れば一目瞭然だ。

アフリカで暮らすシマウマのオスが、我を忘れて不気味なよがり声をあげまくり、終わらない絶頂や余韻を心行くまで楽しんでいたら……食われてしまうだろう。

人間の男も同じく、射精の瞬間、まるでヒューズが切れたかのようにごくごく僅《わず》かな余韻とともに気持ちよさとか、そういうものが消え去り、ハッと我に返る。そして2秒ほど「ああ、またこんなくだらないことをして……」となぜか深く反省する。

オナニーならともかく、横に寝ている女と目が合ってしまったときなど、落ち着きぶりを装いながら「よかったよ……」などとお世辞のひとつも言いつつ、しばらく経つと精子のたまり具合でまたムラムラしてしまう。つまり、サルから進化して何十万年も経っているのに、未だ本能にコントロールされているありさまなのだ。

「お金持ちになる」「強大な権力を掴《つか》む」「いい車を買う」「千人斬りする」……これらのステレオタイプな「男の夢」というものは、人間が作りあげた虚構の中での願望であって、本来、人間を含め、犬猫、魚や昆虫、そして草花のオスにしても、極端な話、生きる目的はただひとつ「繁殖」なのである。

なので、男は皆、種さえ出してしまったら最後、究極の目的を達成したような気分になり、生まれてきた役目を終えてしまったかのごとくしょんぼりしてしまう。女たちは絶頂の後も、素晴らしい余韻と満ち足りた気分をのんびり楽しんでいるのに！

オスのシャケが卵にビヨビヨっと精子をかけたあと、無残に死んでゆく姿を見たことがあるだろう。

大麻の雄株はほとんどＴＨＣ（気持ちいい成分）を含まないため、通常は花を咲かせる前に捨てられてしまう。十歩譲って受粉させるため必要最低限の株が残されたとしても、受粉させたらゴミ箱行き。

カマキリやコオロギに至っては、セックスが終わった後、オスは用ずみとばかり栄養分としてメスに食われてしまう。

しょせん、男なんてそんなもんなんだよな……と、落ち込むのもいいが、ちょっと待った。

何十万年の歳月を経て、ようやく弱肉強食の密林から抜け出し、敵の少ない生ぬるく緊張感のない世界で食物連鎖の最上階に君臨できたいまだからこそ、見返りとして、男が究極の快感を体験してもいいのではないか？

【＊1】マスターズ夫妻：ウィリアム・マスターズ博士（1915年、米オハイオ生まれ）と妻のバージニア・ジョンソン博士の夫婦。キンゼイ氏と並び賞される著名な性研究者で、セックス・セラピストの草分け的存在でもある。性関係の書物を多数執筆した。

男だって、終わらない快楽を味わいたい

こと快感について、男が女より損をしていることはよく分かった。理由は数あれ、性の世界で男が脇役になっていることも原因のひとつだと思う。

その根底には、世の男たちが無意識に信奉している「女を狂乱させればさせるほど、男っぷりが上がる」という間違った考えがある。

男優が無表情で腰を振り続けている……。

乳首を攻める指先を、携帯電話も真っ青の振動力で繊細に震《ふる》わせ、唇は池のニシキゴイみたいにパクパクせわしなく、女優の耳元で助平な言葉をささやいている。

数分後、「うっ」という短いセリフのあと、昆虫のようにさらりと射精した男優は「はい、ご苦労さん」とばかり忍者ばりの素早さでファインダーから消え、カメラは快感に酔いしれる女の顔だけをクローズアップ。

女優は満足気な表情で終了後のインタビューに答えているが、ここに男優が存在した証拠といえば、女優の胸に残されたスプーン一杯の液体だけ……。典型的なエロビデオの一幕だ。

テレビの前で映像に釘付けとなっていた悩める男たちもまた、せわしなく動いてい

た男優の顔などきれいさっぱり忘れている。

というか、オナニーをすませた瞬間、男は多忙になる。現場を誰かに見つからないかとオロオロしながら、「いい女だなあ。チクショー」などとぼやきつつ、濡れたティッシュの後始末を始めるのであった。虚しい……。

というわけで、男たちにもそろそろ、社会から定義づけられた脇役から抜け出し、自ら主人公になるべく、努力しなくてはならない時がきた。

本能に身を委《ゆだ》ねてばかりいないで、神に命じられたのとは違う方法で、当社比数十倍と言われる快感を味わってみてはどうだろう。

チンポをこすって射精することだけがオーガズムではない。もっと違う道から絶頂に達することも可能なのである。

一瞬で終わるはかない快楽を、継続的に享受することができるとしたら？　しかもそれが、わざわざ誰の手を借りることなく、ひとりでもできるのだ【＊1】。

プライベートな空間でひとり、未知の快感に打ち震え、思う存分痴態をさらしてしまえば、くだらない人間社会のストレスなど、その世界においては吹けば飛んでしまうようなちっぽけな存在に思えて、生きるのがもっともっと、もっともっと（×2000回）楽しくなる。

さあ、すばらしい世界を探求するための旅に出よう！　出発だ！　【黒沢】

【＊1】ひとりでもできるのだ：心細ければパートナーに手伝ってもらってもけっこう！　あなたはパートナーが乱れる姿を見て興奮するが、向こうだって、よがり狂うあなたの姿を見て嬉《うれ》しいはず。家庭円満の秘訣にもなるだろう（保証はしませんが）。

2

第2章
“ドライ・オーガズム”ってナンデスカ?

ドライ・オーガズムとは？

しつこく繰り返し解説してきたとおり、男の絶頂とは「9番アイアンで高めに打ち上げたゴルフボール」のように、高く上がってポトリと落ちるもの。対して女性のオーガズムは「ノコギリの歯のごとく」ギザギザの快感曲線を描いている。

女とは1回イッてしまった後も、刺激次第ですぐ何度でもオーガズムに達することができる不思議な生き物である。彼女たちは射精しているわけじゃないので、基本的に休憩はいらない。中にはたて続けに数十回のオーガズムに達しまくる女性もいるらしいが、頭の血管が切れないかと心配だ。

その反面、女性のオーガズムには激しい個人差がある。複数回どころか単発オーガズムさえ体験できず、棺桶《かんおけ》の手配をする年頃まで一度も性的絶頂を味わうことなく、ひとり深く悩み、老いてゆく女性は多い（この手のババアは老人向けエロ雑誌の相談欄などで発見できる）。

江戸時代におけるオーガズムの記録は残っていない。残っているのかもしれないが、わたしには調べる根気も時間もない。しかし恐《おそ》らく与作とかお菊は、悪徳大名の課した重い年貢に苦しみながらも、奔放《ほんぽう》な性行為を楽しんでいたに違いない。

江戸の町には少年愛（衆道《しゅどう》【＊1】）専門の店が並び、若旦那《だんな》たちは少年のアナル開発に心血を注ぐ一方、街道の旅籠屋《はたごや》で「飯盛り女」と言えば売春婦のこと、淫売との出会いカフェとしての役割を果たす「遊び茶屋」なるものも存在した。

かたや、大奥には上様から存在すら忘れられた欲求不満の女が溢《あふ》れていた。彼女たちはライバルに毒を盛る傍《かたわ》ら、両国のアダルトショップ「四ツ目屋」【＊2】に足しげく通い、水牛の角《つの》で作った張型《はりがた》とか、レズ用の双頭《そうとう》張形を買い漁ったという。当時の小間物屋《こまものや》もまた、紅や白粉といったごく普通の化粧品とともに、こっそり木彫りのディルドを売り歩いていた。

こうした張型は、飛鳥時代に唐から伝来したものが元祖だという。つまり、オナニーグッズに関しては男性用よりも女性用のほうが歴史が古いのである。ま、皇帝の後《こう》宮《きゅう》にも欲求不満の女が大勢いたのだろう。で、奈良時代にはすでに国産の張型が開発されていたそうだ。

男もしかり、手淫はもともと「かわつるみ」【＊3】と呼ばれ、特に悪いこととともされず庶民に親しまれていた。早い話が天下泰平・鎖国万歳。皆好き勝手に性感を開発しまくっていたのである。オッペケペッポーペッポッポ。

それが明治維新後はどうかというと、近代国家としての道を歩みはじめた日本は、欧米のキリスト教的くされ道徳観を重視し、アダルトショップは弾圧され、「出生率を下げるオナニーは富国強兵の政策に反する」としてオナニーまでもが社会から敵視された。

もっとも、明治以降は戦争まっしぐらなので、婦人はもちろん、男もオナニーばかりしていられなくなったというわけだ。

つまり、明治・大正・昭和の時代、女性のオナニーが社会からタブー視されたこと、セックスの全てをパートナー（男）に依存するのが美徳とされた戦中マグロ体質など、老婆たちが全盛期にオーガズムを味わえなかった要因は無数にあって根は深い……が、ここは封権時代の性問題を論議するページではないので、さっさと先に進ませてもらう。

オーガズムの手っ取り早さで競うなら、3分あればいつ何時でも絶頂に達することのできる男に軍配が上がるだろうが、質で勝負するなら女の勝ちだ。

もしも男が、女性ばかりの高品質・連続オーガズムを味わおうと志すのなら、少なくとも女性の2倍は努力しなければならない。努力はすなわち、悩める不感症女性たちへの弔《とむら》いでもある。

さてさて、運のいい女たちが味わいまくっている「連続オーガズム」のことを、世の中では「マルチ・オーガズム（マルチプル・オーガズム）」と呼んでいる。

マルチ状態に突入した女性は、いつまで続くか本人もわからない快楽の渦に飲み込まれ、新聞社の地下で廻り続ける巨大輪転機のように、ひたすら「気持ちいい」「気持ちいい」「気持ちいい」シュバババババ……と、同じ文字を印刷しながら我を忘れ、よがり狂うのである。

世界では長年にわたり、マルチ・オーガズムが女だけの特権と考えられてきた。しかしそれは大きな間違いで、やりかたによっては男でも可能だということが、開拓者たちからの証言によって明らかにされている。

男にとって射精とは、オーガズムの瞬間であるとともに終局でもある。でも、終局してしまってはマルチにならない。「そんなら射精しなければいいのか?」となるが、まさにそれが真理だ。

男がマルチ・オーガズムという長時間の連続エクスタシーを体験するためには、射精なしの状態を維持することが第一の目標となる。このように、(男性が)射精をしないまま、何度も何度も津波のような女性的絶頂を味わうことを「ドライ・オーガズム」といい、文字通り、お水を出さない乾いたオーガズムを意味している。

アメリカでは、ドライ指南を得意分野とするカウンセラーというか、いわゆる「ドクトル某」【*4】みたいな人物がインターネットで次々とサイトを開き、絶頂指南書や快感講義のCDなどを販売している。でもって、彼らのサイトは読者からの賞賛で満ち満ちていて、たぶん相当儲かっていそうで、うらやましい。

「フランス人ですが、私はこの素晴らしい体験を他の探求者たちにもぜひ知ってもらいたい。愛をこめて……」

「おおお神様。齢52歳にして最後の快楽を知った。ありがとうジャック。CDは有効活用させてもらっとるよ」

などなど、本当に読者からなのかよ？　と疑問に思うくらい皆、素直に喜んでいる。

参考までに、インターネット等で見かける日本人のドライ体験談はもうちょっと具体的だ。いちいち挙げてると本当にきりがないが、要約するとこんな感じ。

「ウアア。き、気持ちいい、いままでのオナニーはいったい何だったんでしょう。気がついたら床までよだれの川が流れていまして……」

「どこまでも果てしなく続く無限のエクスタシー。これ以上続けたら気が狂いそうだ。

こんなのが延々と続くなんて！　何もかも忘れて、女性のようにかん高いあえぎ声をあげてしまった……」

どうでもいいけど、思わず顔を赤らめつつ、乙女のような声を漏らしてしまう49歳自営業。不気味だが、うらやましい。

うらやましいのは山々だけど、ドライ未経験の男がドライを達成するまでの道のりは、正直険しいと言わざるをえない。なんせ、これまで最終目的とされていた「射精」をした瞬間、全てが水の泡に帰してしまうのである。

特に「オナニーとは精子を出すためのもの」という社会通念に縛《しば》られてきた常識者(例：教師、公務員）などが、状況の変化についていけるかどうかが心配だ。生まれてこのかた、Mr.フランクをいじくることばかり考えていた者は、オナニーと聞いてもMr.フランクのことしか頭に浮かばない。

いっそ発想を転換して「ペニスに触れないオナニー」を開発してみたらどうだろう？

「ハハハ、そんなの不可能だよ」と言うなかれ、チンポにさわらなくても気持ちよくする方法は世の中にたくさんある。もともとドライ・オーガズム自体、常識外の発想から導き出されたものであることを忘れてはならない。

夢精してみるか？

マスをかくこともままならない無邪気な幼少時代、誰に命じられたわけでもないのに、意に反してパンツを汚してしまった男は少なくないと思う。生まれて初めての精通が実は夢精だったという人もいるだろう。恥ずかしがらなくてもけっこうだ。

夢精はある日突然やってくる。夢精に気づいた時にはもう遅い。くされ毒液でドロドロに汚染された下着を母さんに渡すこともできず、じっと黙って流し込んだ心づくしのハートブレイク・ブレックファスト……。

というわけで、我々の仲間に尾藤《びとう》さん（仮名）という人物がいる。彼は30代後半にして、夢精を楽しむためだけにオナニーをひと月半も我慢してしまうという破天荒な男だ。

それは、全裸で電柱の陰に隠れ、いつ通るとも分からない好色でフェラ好きの女を待ち続けるのにも等しい無謀な行為。

そんな尾藤さんが語ってくれた夢精の秘訣はただひとつ、とにかく「ペニスに一切触るな」ということだった。

欲情してもモヤモヤしても決して触れてはならない。三週間をすぎたあたりからモヤモヤが破裂寸前となるので、触れたら死んでやるくらいの覚悟が必要だそうだ。

本格的に漏《も》らしそうな気配は本能で察知できるというが、大爆発の気配が濃厚になってきたら、この日のために借りてきたエロビデオを観て、エロ本を読んで、なおかつ下半身をヌルヌルにした状態でも暴れん坊将軍には決して触れず、無理やり寝てしまう。

寝られなかったら睡眠薬でも飲んで、とにかく寝る。枕元にはメモ帳とボールペンを置き、ぴっちりしたブリーフを着用するのがポイントだそうだ。

繁殖本能を極限まで溜め込んだときの精神状態というのは、○○ガイ（ナイスガイ？）に近いものがあるという。

そんなときに観る夢とはいったいどんなものなんだろう……。尾藤さんの場合、森を歩いていたら色っぽいメスの熊と出会い、熊から誘惑され、野獣のような交わりをしたそうだ。

で、目覚まし時計の音とともに起床した放心状態の尾藤さんは、とりあえず夢の内容をメモしてから、「マイウェイ」を口ずさみつつ、ひとり流し台に歩き出したという。汚れたパンツ片手に……。

夢精の醍醐味《だいごみ》とは、極限に追い込まれた状態において、どんな常識外の夢をみるのかわからないというミステリアスな期待感。そして、仮想空間における本物の射精のもたらす快感につきる。

寝ている間、下の高性能魚雷を手でいじっているわけでもないのに射精するということは、普段と比較にならない超強力なイメージが頭に映し出されているということ。夢精自体はドライと直接関係ないが「あえてペニスに触れない」ための鍛錬《たんれん》と経験値になるのは言うまでもない。

一歩進んで。乳首いじってみっか

女性のそれに比べて貧相な男の乳首も、開発次第で高級リゾート並みの楽しい場所になるかもしれない。

例《たと》えるなら、60階建てアミューズメント・タワーの横に、2つの広大な空き地がタダ同然の値段で転がっているようなもの。開発しなければ損だ。

まして、おへその下の敏感ダイナマイトをいじれないとあれば、2つもついている乳首をいじらない手はないだろう。

女性の乳首には「子孫に乳を与えるためのもの」という大義名分があるけど、男の乳首には表立ってなんの役目もない。じゃあ何のために……飾りか？　いいえ「気持ちよくするためにある」のだ。

乳首開発といっても、洗濯バサミで挟《はさ》んだりピアスをぶっ刺したり、錘《おもり》をぶら下げる必要はない。それはマニアに任せよう。

初心者は指先で軽く刺激を与えるだけでいい。ただし、状態によっては軽い刺激でも傷ついてしまう可能性がある。

乳首をすりむいた経験者なら誰しも頷《うなず》かれると思うが、始終上半身裸でうろうろするならともかく、服を着ると歩くたびにシャツと傷ついた乳首がこすれ合って鈍痛《どんつう》が走り、こすれるだけに治りも遅い。だったらローションやオイルを塗れば、もっとスマートにいじくれるし、ぬるぬるして気持ちいいだろう。

準備が終わったら、両手の指先で双方の乳首を刺激。乳首を円錐《えんすい》に例えるなら【図1】円錐の側面をなでつつ、トップを軽く押すような感じである。個人差もあるので、自分が気持ちいいと思う刺激法をイメージしながら取り組んでいただきたい。

何も感じなくても焦《あせ》らず、最低30分は試してみよう。メンタル的に興奮していなくとも、乳首の方で勝手に感じて勃起してしまうこともままある。そうなったら、しめたものだ。

長時間いじりっぱなし状態を維持すれば、始めと終わりで明らかに感覚が違うのを実感できるかも。慣れてきたら少々荒っぽく、引っ張ったり、つねったりしてもいいが、初回はほどほどにしておこう。

乳首はいじればいじるだけ、感度が上がる学習性の生き物だ。日本一の乳首を育て

【図１】乳首の刺激の仕方

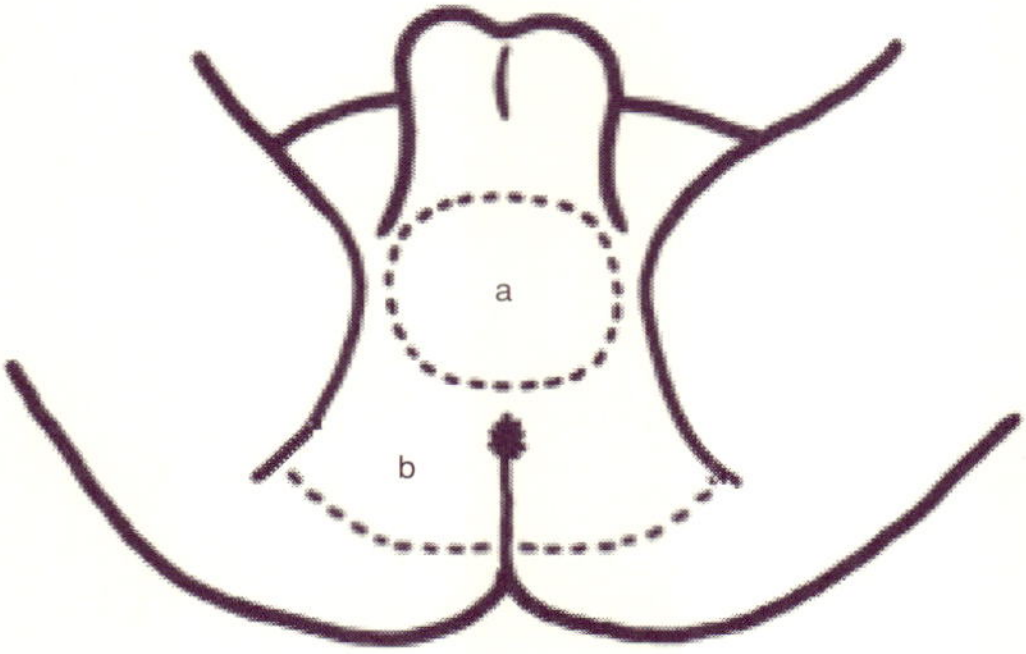

【図２】会陰の部位

るくらいの気概をもってすれば、下半身だけではなく、上半身にも別のチンポが2つ付いてますみたいな、ハイブリッドな肉体が形成されてゆく。

ペニス以外に指でいじれる"もうひとつの快感増幅器"として、ドライ到達にも多いに役立つだろう。

さて。なんだか核心に近づいてきたようでもあり、そうでないような気もする。

自分で言ってなんですが、夢精とドライは全く関係ないよねぇ……。乳首だけでドライっていうのも、ヨガの達人【＊5】でもない限りは無謀だと思われるし、じゃあどうすればいいの？……という迷える男たちに試してもらいたいのはコレ！

未知の快感・会陰部オナニー

会陰部《えいんぶ》【＊6】とは、仰向けになってM字開脚をした際、玉袋の真裏から肛門の間に、僅か2〜3センチほど広がっている不思議な空白ゾーンのこと【図2】。

例えて言うならペニスと肛門を隔てる軍事境界線といった感じで、視覚的にはなんにもない「不毛地帯」だが、直感的になんだか効きそうなツボがありそうな気配がする。

M字開脚をしたまま（もちろん下半身は生まれたままの姿で）、目を閉じ、おもむろに会陰部に人差し指をはわせてみよう。上下左右にこすってみたり、時おり軽く押してみる。このとき、手の平が玉袋に接触すると思うが、気にしないように。

乳首と同じで最初は何も感じないだろうし、少々無理な姿勢なので疲れるかもしれないが、ひたすら続けていると時おり、妙な感覚が電流のように下半身を襲うことがある。慣れてきたら手首から先をバイブレーターのように振動させるとさらに効果的である。

土台さえできあがっていれば、日常のありふれたオナニーとは少し違う快感がやってくる。なんていうか、ペニスの根元の、もっともっと奥の部分が気持ちよい。

感極まってきたら、もう少し力を入れてみたり、少し抜いてみたり、小さな快感を指の力で増幅させてゆくイメージで繰り返す。ケルト音楽等をかけて神秘的な気分を演出してもいいだろう。

気持ちよくなってきたら、遠慮なく意識的にあえぎ声を出してみたり、会陰部を女性性器に見立て、女性に生まれ変わったような気分で刺激してみるのもよい。

この会陰オナニー。けっこうイイところまではいくのだが、これだけでオーガズムに達するのはかなりの修行と開発を必要とする。しかし、会陰部でよがるということは「チンポコを使わない女性的オーガズム」を目指す我々にとって、大変重要なことである。
乳首といい、会陰部への摩擦といい、女性的なオーガズムを味わうためには、すなわち女性的思考を目指したほうが手っ取り早いということだ。もうひとつ、会陰部オナニーをとことん極めれば、それだけでドライにいけてしまうこともままある……らしい。

「……私の妻は最近新しいマッサージを開発した。ツボは私のアヌスと玉の間にある小さなエリアだ。私はこれで12回ものマルチ・オーガズムを体験することができた。しかしながら彼女は新たなマッサージの手段を封印してしまった。私がオーガズムとともに尿を撒《ま》き散らしたからだろうか……（米国人の体験談より）」

おはよう前立腺

我々が会陰部オナニーを試みているとき、肛門やペニス方面にはもとより、肉壁に阻《はば》まれて距離は遠いものの、前立腺という組織へも間接的な刺激が届いている。

前立腺とは、ドライ・オーガズムときってもきれない最重要チェック・ポイント。前立腺を詳しく知ることで、ドライへの道のりが「ジャングルのけもの道」から「片側六車線のスーパーハイウェイ」へと変化する。

前立腺は男性の身体だけに存在する器官である。膀胱《ぼうこう》のすぐ下、直腸の裏あたりに栗の実と同じくらいの大きさ（約20グラム）の硬い組織があり、これが前立腺だ。未だ謎の多い器官で、すべての役割が解明されているわけではない。

前立腺は膀胱出口で尿道を挟むように位置している。イラスト【図3】を見ていただけると一目瞭然だが、前立腺のところで睾丸《こうがん》からの管と尿道が交差しているのがわかる。

睾丸で作られたオタマジャクシは、前立腺のすぐ近くにある精嚢《せいのう》を通って前立腺まで運ばれ、前立腺で作られる液体（前立腺液）とほどよく混ぜられてから、尿道を伝って排出される。

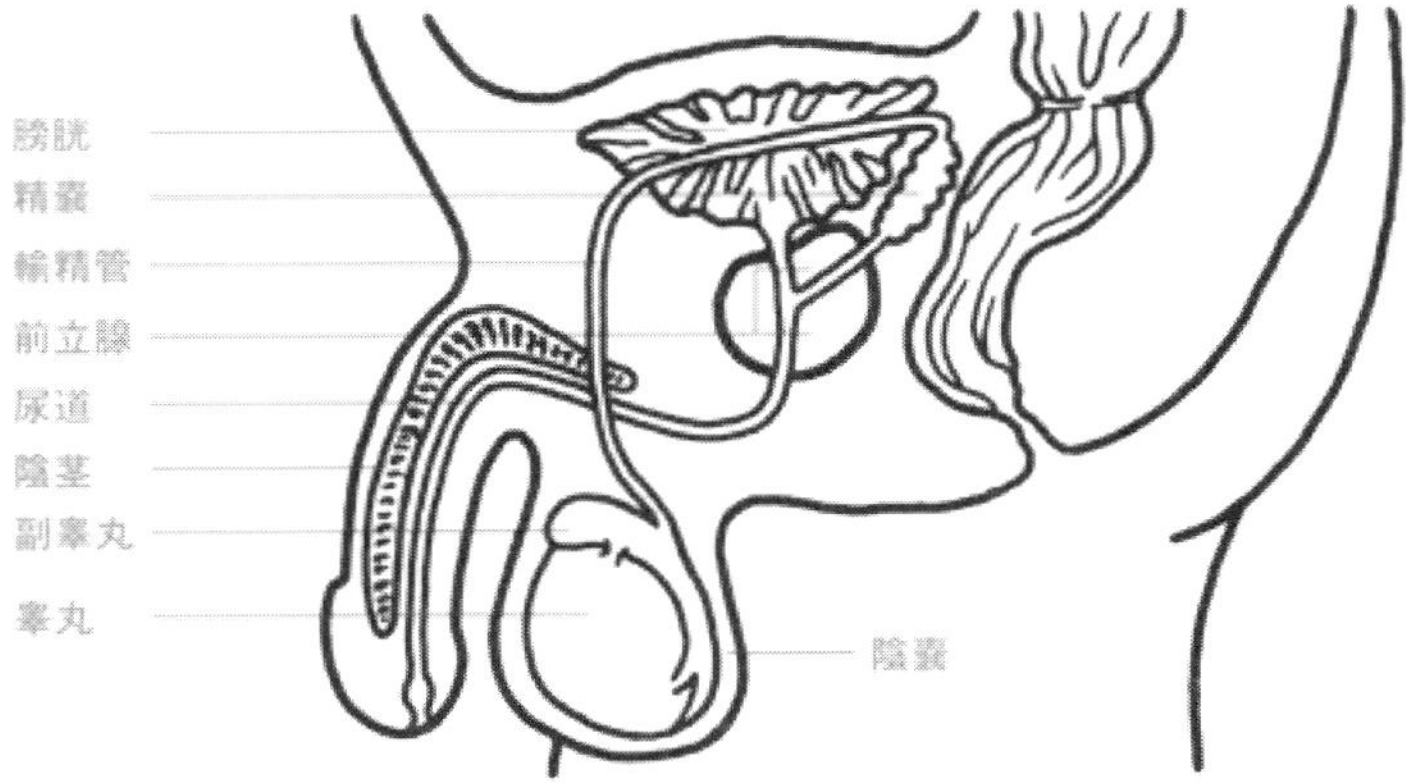
膀胱
精嚢
輸精管
前立腺
尿道
陰茎
副睾丸
睾丸
陰嚢

【図 3】人体図

つまり精子は睾丸で作られてから管を通って運ばれてくるが、液体のほうはメイド・イン・前立腺。

前立腺液は、オタマジャクシに長旅をこなすだけのエネルギーを与え、なおかつ酸性の過酷な膣内で精子を守るための役割も担っている。前立腺は男性ホルモンの刺激によって、一日あたり0・5から2ミリリットルの液を製造している。


前立腺は性機能が発達しはじめる10歳ごろから、本格的に活動を開始する。思春期には1年間に約2倍近くも大きくなり、思春期をすぎると一度休憩するが、再び25歳あたりから大きくなってゆき、50歳をすぎるとさらに肥大が進み、排尿が困難になることがある。これを前立腺肥大症といい、立派な病気である。

健康な前立腺はふつう、栗の実ほどの大きさだが、肥大したときには大人の拳くらいまで膨れ上がるという。

どうして前立腺がデカくなると小便が出ないのだろう……。小便の排出をコントロールしているのは尿道括約筋《かつやくきん》という筋肉で、がまんすると締まり、出すときはゆるむ。つまりは肛門の括約筋と同じ役割をしている。

前立腺もまた、膀胱の出口あたりで尿道を取り囲んでいるのだけど、肥大することで尿道を圧迫し、ふさいでしまう。

こうなってしまうと、トイレに行っても小便がなかなか出なかったり、一度に尿を出し切れず何度も便所に通ったりすることになり、カテーテル【＊7】を尿道から挿入して排尿したり、もっとひどい場合には、尿道口からレーザーを使い、肥大化した前立腺を焼いて、肥大部分を蒸散《じょうさん》させることになる。想像しただけでも痛ましい話だ。

前立腺は気持ちいいの？

さて、前立腺は気持ちいいのか？　その役目が全て解明されていないだけに何とも言えないが、刺激すれば気持ちいいんだから仕方ない。

ひとつ言えることは、肛門や前立腺のあたりには重要な神経が集中している。これらを刺激することで、強い快感を得ることができるのは間違いない。

突然ですが、ゲイのウケはなぜアナルセックスで感じてるのだろうか……。

まあ、入れてる人は深い意味もなく気持ちいいだろう。なんせ、お尻の穴は女の子の膣と比較して、平均約三倍もの締めつけ圧力を持っているらしい。

すなわち、使い古されたアナルですら、新品同様のマンコよりも締まりかねない勢いなのである。まあ、そうじゃないとウンコ垂れ流しだからね。

で、受け入れてる方はどうなのかというと、定義付けははっきりされていないが、肛門には赤ん坊のときから排泄《はいせつ》を学習させるため、何か通すと気持ちよくなるという本能的な仕組みが備わっている……らしい。

たしかに太くて長いウンコをしているときなど、無性に一本グソにこだわっている自分がいる。2本に切り分けてもよいのだが、切らないでおいたほうがなんとなく気持ちいいから……という本能的判断なのだろうか。

また、肛門には排泄を感知するセンサー的な役割の神経組織が密集している。それらの神経がアナル開発により「性感帯」としての役割を担い、気持ちよくなる。

ただ、肛門が性感帯になったとしても、その気持ちよさはたかが知れたもの。ところがゲイのアナル体験談を読んでみると、アナルに入れられてるだけで、触りもしないペニスから射精するという話が山のように出てくる。どうしてだ!?

肛門の奥は直腸だが、直腸はデリケートであるものの、そんなに敏感ではない。実は、挿入されたスカッド・ミサイルから直腸の腸壁ごしに前立腺を押されることによって、ウケが気持ちよくなるという仕組みなのである。

ホモの話ばかりで皆さんには恐縮だが、もうひとつ。男色家の間に「トコロテン」という専門用語がある。これは、ケツからチンコを入れられて前立腺が圧迫されることによって、触れてもいないペニスから前立腺液が飛び出てくること。

この「トコロテン」も、開発されまくった前立腺とそうでない前立腺では、出る液体の量も快感度も段違いらしい……。つまり、前立腺も乳首や不動産と同じで、有効活用するには大規模な開発が必要というわけだ。どうでもいいが、開発の仕方を間違えると全く役に立たないところも不動産と似ている。

トコロテン

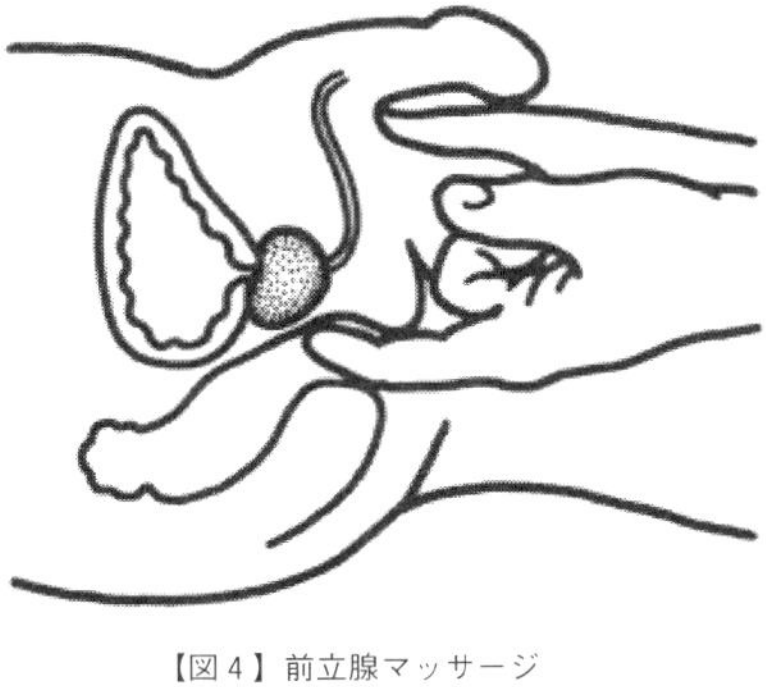

【図４】前立腺マッサージ

はじめての前立腺いじり

さて、「男子アナルマスターの大半は前立腺で感じている」という説を前提に、簡単な前立腺遊びに挑戦してみよう。

一刻も早く……とはやる気持ちを落ち着け、まずは爪を切り、指先をなめらかに整えよう。

直腸や肛門は想像しているよりも傷つきやすい。場所柄、傷がつくと腸内から雑菌が入り、とんでもない事態になりかねないので手入れは慎重に。

自分でやるのがどうしても怖いんです。という意気地のない人は、「おしっこが出ない」「残尿感がたまらない……」とかなんとか適当に理由をでっちあげて泌尿器科の門を叩《たた》くと、洩《も》れなく他人の手で前立腺を弄《もてあそ》んでもらえる。しかも各種社会保険が適用されるので、3割負担の激安価格も夢じゃない。

簡単な問診のあと「……じゃあパンツを脱いで、そこに横になってください」と言われればしめたもの。思わず口笛を吹きそうになるのを堪《こら》え、さっさと横になろう。

まあ、しかし、若い看護婦が頬を赤く染めながら素手でやってくれるのなら大喜びのウハウハだろうが、分厚いゴム手袋をはめて、あなたのケツの穴に指を突っ込み、前立腺をグリグリしてくれるのは……渋柿《しぶがき》のような面《ツラ》の医師本人である。それが初老のハゲだったりしたら！

当たり前の話だが、医者は趣味で貴方のケツの穴に指を突っ込んでいるのではない。なので、当たり前だが笑顔もなければ愛もない（あったら怖い）。

そんな状態において、簡易ベッドの上でアヘアへよがり狂うわけにもいかないだろうし、出てきた前立腺液をプレパラートに採取したら、ハイ終了。

気持ちいいからといって、もっと続けてくれ！　と頼むのは無茶な話だ。警察を呼ばれるかもしれない。でもって、仮病がバレたら説教のひとつもされるだろう。つまり、他人にやって欲しかったら素直に性感マッサージの門を叩《たた》くのが正解のようだ。

話を戻して……。前立腺遊び前の浣腸等はお好み次第だが、排便直後の直腸は不思議ときれいなもので、指を入れても便がつくことはまずない（と思う）。

なので、ひどい便秘でもしていない限り、わざわざ腸内を洗浄したりする必要はない。それでも気になるという潔癖症の人は、指にコンドームでも被《かぶ》せれば完璧だ。

指を挿入する前には、菊の部分を中心として、半径4センチくらいの一帯を軽くマッサージしてほぐすのがポイント。これは肛門の感度開発にも繋《つな》がるので一石二鳥である。

用意ができたら中指にたっぷりとローションを塗って（なけりゃサラダ油でもなんでも）挿入。奥まで入れたら第一関節を少し曲げつつ、お腹の側の腸壁を押してみる。奥の方でコリッとした丘のような突起が見つかったら、それが前立腺である。ゆっくりと上下になでて、摩《さす》ってみよう【図4】。

しばらく同じ体勢でマッサージを続けていると、ジェットコースターで落っこちたときのような「キューッ、キューッ」という快感が下半身に広がり、肛門がヒクヒク動く。じきに、カール臼砲の先っぽからダラリと精液らしきものが垂れてきたら、いい感じだ。このとき、使っていない方の手でカール臼砲を撫でたりしてもいいが、ドライを目指す人はあくまで我慢しよう。

もしかすると、初回は前立腺液が出るまでに至らないかもしれない。ただし開発を続けてゆくうち、まさにトコロテンのように、押したら速攻で出てくるくらいの体質に変わってゆくのだから、人間というのは不思議な生きものである。

ちなみに、前立腺液は水っぽい精液といった感じで、精液独特の青臭い匂いなどはない。出してしまっても射精後のような気だるさや、エロに対するリセット状態は起こらない。でも、理由はともかく気持ちよけりゃオーケーってことで……。

ドライ・オーガズムを体験するために、前立腺がどのくらい重要なのか、お分かりいただけただろうか？　わからなかったらごめんなさい。【黒沢】

【＊1】衆道：女人禁制の住職が寺で小坊主相手に男色を楽しんだことから生まれた言葉。織田信長、武田信玄、上杉謙信、徳川家康は戦国の四大衆道家としても有名。

【＊2】四ツ目屋：寛永三年（1626）、江戸・両国薬研掘に開店した日本初（？）のアダルトショップ。性具や絶倫薬などを販売していたが、店内はプライバシー保護のため相手の顔も見えないほど暗く、客が声をかけないと店員が来ないという「ビックカメラ」のようなシステムだった。

【＊3】かわつるみ：江戸時代から「センズリ」とも呼ばれていた。

【＊4】ドクトル某：ジャック・ジョンストンなど。詳しくはエネマグラ・コラム05「伝道師直伝の秘法でドライ・トレーニング」を参照。

【＊5】ヨガの達人：ヨガの奥義とオーガズムには深い因果関係が？　あまり掘り下げすぎてもきりがないので……。

【＊6】会陰部：解剖学的に言うと、泌尿生殖部と肛門部を含む骨盤下口をおおう部分。aが泌尿生殖部、bは肛門部。刺激する場合は双方の境界線を中心に攻める。ちなみに、男女共通の性感帯とも言われる。

【＊7】カテーテル：あとでじっくり説明します。導尿カテーテルを使うことによって、思いもつかないようなことができます……。

エネマグラ・コラム01
乳首オナニー"チナニー"あれこれ

快楽の追求というと、どうしても映画『ヘルレイザー』で何度も肉片にされてしまうセックス狂のフランク叔父さん【＊1】を思い出してしまうが。あそこまでがんばらなくてもいいと思います。

それはさておき、乳首の開発がドライへの重要課題だということはすでに述べた。ここでは男性が乳首を鍛え、鍛錬する方法について、もう少し詳しく掘り下げてみたい。

まずは、乳首をもう少し大きくしてみよう。

鍛錬するにしても、男性特有の貧相な乳首ではどこか心細い。ところが鍛錬次第で化け物みたいにでかくすることも夢ではなく、でかければでかいほど、チンコの代用、いや、ペニス以上の性感帯に育ててあげることもできる。

ドライ修道士の中には、乳首だけで満足してしまう者もいるらしい。さっそく体験してみたいのだが、いったいどうすればいいのだろう？

用意するものは使い捨て注射器（針の部分は外す）。ご想像通り、吸い口に乳首をくっつけてピストンを引くと、中の気圧が低くなって乳首が伸びる（長くなる）という仕

Enemagra Column 01

組み。吸い口の大きな太目の注射器を使うことで、乳首の直径を伸ばすことも可能だ。

もちろん、ピストンを戻せば乳首は元の形に戻ってしまうが、何日も続けてるうちに元に戻らなくなってくる。つまり、膨張したままの状態が維持されるというわけだ。吸引したばかりの乳首は赤黒く充血していて、より敏感になっている。

このとき、事前準備として乳首周辺にローションを塗っておくと空気漏れがなくなり、肌も守られるので一石二鳥。

ローションのかわりに「キンカン」を使うという手法もあるが、あまりあせらず、初日は避けたほうがいい。

キンカンを使うと強い刺激でなおさら感度がよくなる。だけど、主成分として含まれているアンモニアの影響によって、回数をこなすと乳首表面の皮がかさぶた状になってしまう。

数日経ってカサブタがとれると、まるで新品のようにキレイな乳首が現われるが、これがいいという人も多い。もちろん、一皮むけた状態なので感度バリバリだ。

この辺りですっかりハマってしまい、道を極めてみるのも悪くない……と思い始めたら、駅前のアダルト系薬局に行って「セイノール」【＊2】という軟膏《なんこう》を買ってこよう。

セイノールは外皮用の女性ホルモン剤。本来は不感症の女性が使うもので、マンコの中に塗ったりするものである。これをキンカンのかわりに乳首に塗って吸引を続ける。

すると、女性ホルモンの影響で肥料でも与えてるかのように成長が促進され、感度もよくなるらしい（試していませんが）。

ホルモン剤を試す段階まで進んだら、たぶん、注射器が少々物足らなくなっているに違いない。そんなときは「スネークバイトキット」なるものを試してみるといいかも。サバイバルグッズなので大きめの登山用品店で捜すか、通販でも購入できる。

注射器のような形をしているが、毒グモや毒ヘビ、蜂などに刺されてしまったとき、強制的に毒を吸い出すための道具なので、吸引力がいっそう強力である。

ケースごとポケットに入れて携帯可能、値段は2千円前後。ただし、両乳首を均等に鍛えないと大きさが左右バラバラになってしまうので、2つ購入したほうがいいと思う。

そんで、スネークバイトキットすら物足りなくなってしまったら……。ハイご心配なく！　さらに超強力な「ザ・エクストラクター」【＊3】という製品があります。

これも毒を吸出すための器具だが、エクストラクターの吸引力はスネークバイトキットを凌ぐ750ヘクトパスカル。どうでもいいけど台風の中心気圧が大体900ヘクトパスカルという事実を考えると、ハリケーン級の吸引力と言うべきだろうか。アメリカではチナニー愛好家の間で大人気だそうだ。

だが、これらの製品は必ずしも乳首を吸引するための道具ではない。短期間で強引に吸引すると、ときに内出血を起こしたり、乳首の表皮を傷めることにもなる。ゆっくり、

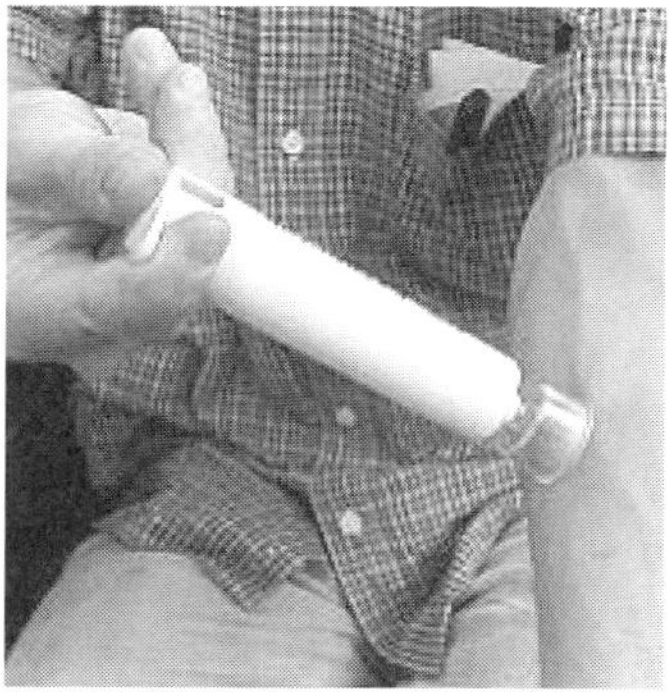

毒物除去器具の正式な使い方

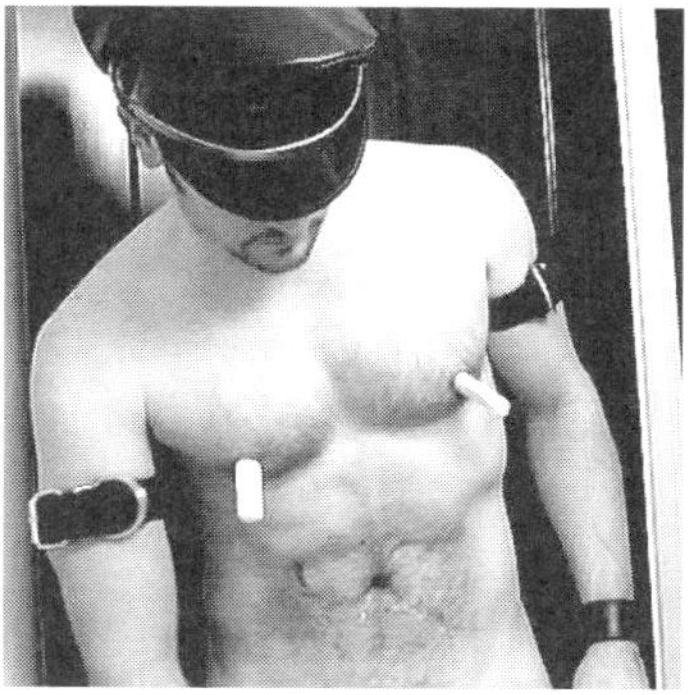

毒物除去器具の間違った使い方

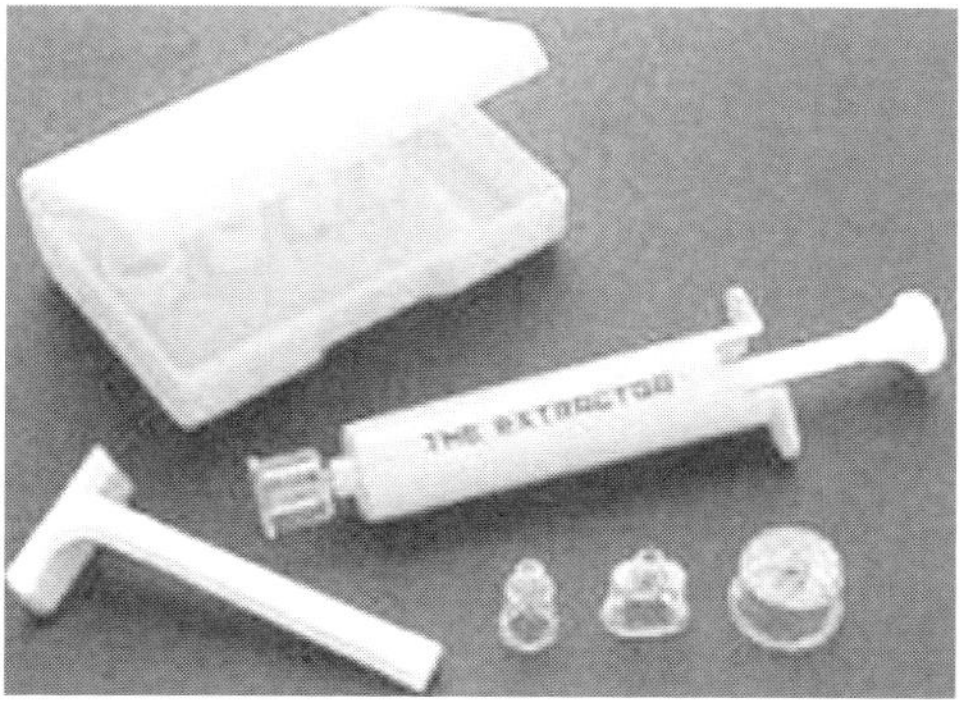

ザ・エクストラクター

そして確実に鍛えあげるのがポイントといえよう。

まだまだ、肥大させた乳首をクリップで挟んだり、ピアスをしたり、麻縄《あさなわ》で縛って文鎮《ぶんちん》をぶら下げたりと、プレイの世界は地の果てまで続くのだが、本題からそれるのでまた今度。

チナニー応用編

乳首をいじっていると、片手、もしくは両手がふさがってしまうため、他がおろそかになってしまう。そんな悩みはないだろうか。

手が4本とか6本あればさぞかし便利だが、それは産んでくれるお母さん次第だし、マスターベーションには便利だとしても、社会ではつらい目に遭うだろう。

しかし、大人のおもちゃ業界はそつなく進化していた！　前立腺で手いっぱいな我々の悲願でもある「オートマチック乳首開発マシン」をこっそり用意してくれていたのだ。サンタさんもびっくりの嬉しい知らせ。ここでは夢のマシンを軽く検証していきたい。

昇天の巻「スーパー電動クリエンマ」

クリエンマは女性のクリトリスを開発するための器具である。だけど、クリトリスと乳首は相関関係にあるし（たぶん）、男の乳首は女のそれよりミニサイズなので余裕で転用できる。

単五電池一本使用。全長7センチ、幅2センチと手のひらサイズ。スポイト部分を握り、皿の部分を乳首にくっつけてからスイッチを入れると、吸引状態のままローターが動き出し、乳首へのバイブレーションが楽しめる。

両乳首を同時にいじるためには2台まとめて購入しなければならないが、1台4千円くらいなので2台買っても8千円か……ちょっと厳しいかね。

オナニーの際、乳首にローターをくっつける人は多いと思うが、それが手ブラでできてしまうのは便利である。

曼荼羅の巻「エンマⅡ」

クリエンマの親戚筋にあたり、乳首のためだけに作られたマシン。それがエンマⅡである。電動クリエンマよりひと周り大きく、若干メカニカルな感じが魅力的だ。

使い方は同じく、スポイト部分を握りながら空気を抜いた状態で、ラッパ状の先端を乳房にかぶせる。で、スイッチを入れるだけ。

バイブレーション部分にイボイボ状の突起がついていて、これが乳首の先端に直接触れつつ、気が狂いそうなほど震えまくる！　うあああ！　吸盤との密着度を増すためにも、ローションは塗っておいたほうがいいだろう！

で、値段はクリエンマよりも2千円ほど高い。次の「ちちっ娘バトラー」を見てしまうと、思わず悩んでしまう今日このごろ。

阿修羅の巻「ちちっ娘バトラー」【＊4】

チナニーマシンの決定版ともいえる存在。両乳首にプラスチックのラッパを吸引させてから本体のスイッチを入れると、吸引プラス振動作用にあわせて、内部に接続されたハケが乳首先端を悶絶《もんぜつ》ブラッシング！

ローター部分はスピードコントロール可能。しかも単3電池2本という重装備なので電池切れも心配なし！

最初から2つのローターを装備しているので、いきなり両乳首を開発することができる親切設計。当たり前のように聞こえるかもしれないが、両乳首を同時に攻撃できる商品は、実は少ない。

ローターの音が少々やかましいのが欠点だが、5千円程度とお手ごろ価格なのでチナニー愛好家にはお勧《すす》めの逸品である。

電動クリエンマ

ちちっこバトラー

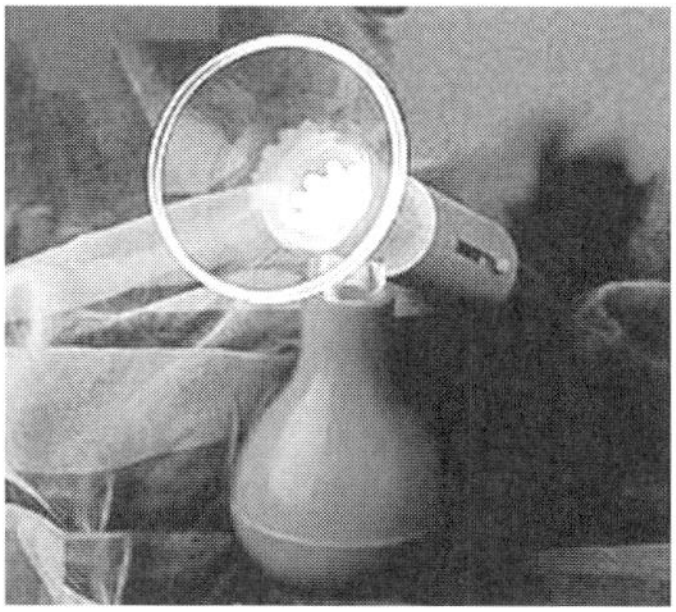

エンマII

祭りの後

心ゆくまで乳首の快感を堪能したはいいが、気がついたら両乳首がゴルフボールみたいになっていた！……まずいよ、来週、親戚一同で海水浴行くのに、こんな大酋長《だいしゅうちょう》ヴァイイヌポ顔負けの乳首を見られたら村八分にされちゃう！

昨今、こんな悩みで苦しんでいる人も多いだろう。そこでここからは、乳首を大きくしてしまった人へのさりげないアフターサポートなのでアリヤンス。

実際、肥大した乳首に悩む男性は多いそうだ。かといって皆がキンカンやら注射器で大きくしたのではなく、生まれつき大きかったり、思春期になって独自に巨大化したというケースがほとんど。

そういう悩める獅子たちはどうしてるのかというと、女性のようにこそこそ恥らってみたり、上半身裸になるのを拒んだりと、マイナス方向に進みがちだ。

でも、どうして恥らう必要があるのだろう？　世の中には毒吸いマシンを使ってまで巨大化を目論《もくろ》む男がたんといるのに！……まあ、好き好んでデカくした結果、諸事情により隠したいと思うこともあるだろう。

だが、乳首はそんなに都合よく拡大縮小できるものではないので、無難なところでニプレス貼ってごまかすとか、アマレス選手みたいな吊りパンツ姿で泳いでみるとか、要

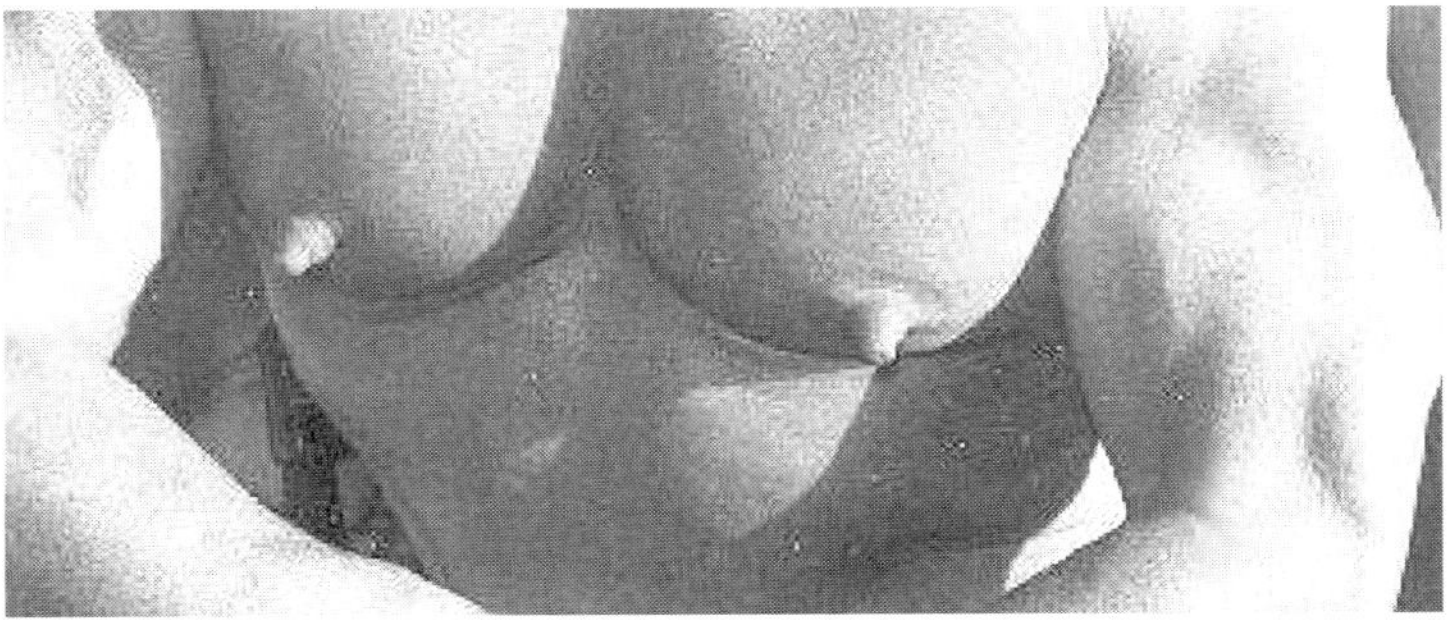

（上、中、左下、３点とも）鍛えあげた乳首 in USA

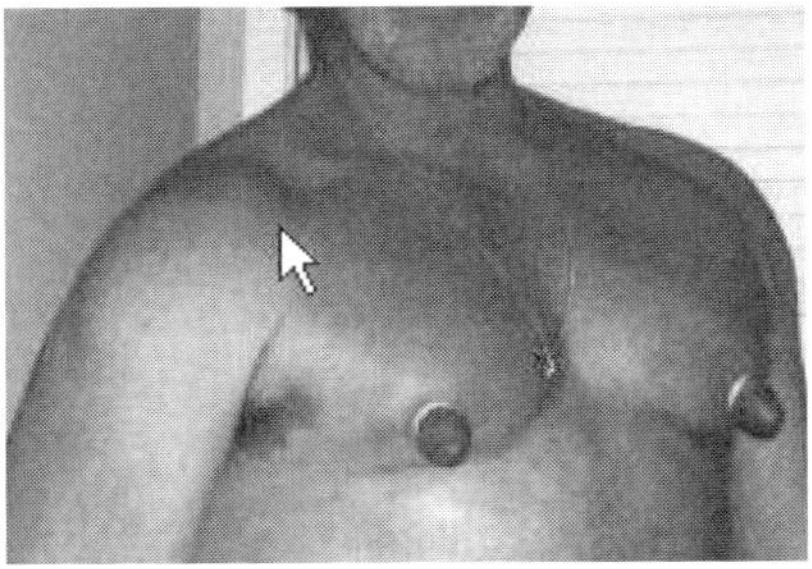

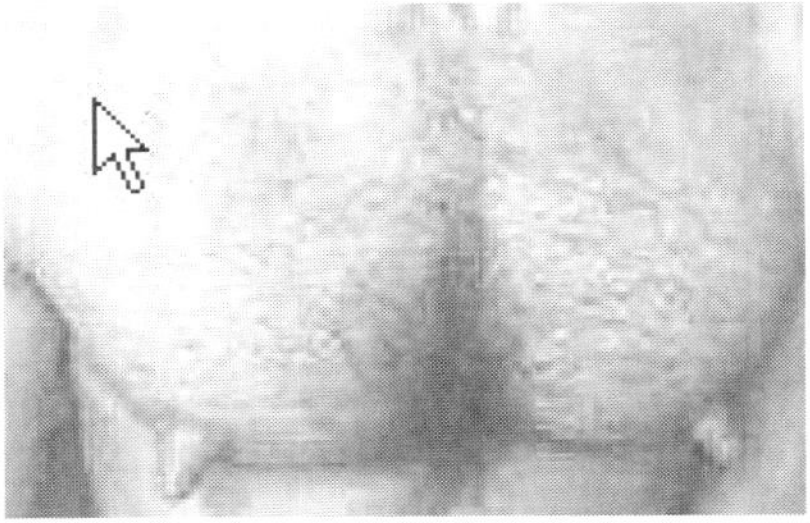

ニプレスで、
巨大化した乳首を隠そう

するに、焼け石に水的な方法しか思いつかない。

根本的な解決法をお望みなら、整形手術で乳首を小さくするという必殺技もあるが、生まれつきの人はともかく、せっかく苦労して育てあげた乳首を切ってしまうのは、なんだかもったいないような気もする。

でもって乳首手術と聞くと「奈美悦子事件」【＊5】を思い出さずにはいられないが、実際そんな難しい手術ではなく、傷も残らないらしい。

病院によって幅があるが、費用は15万から20万円といったところで、手術時間は30分くらい。入院は不要。別途、陥没してしまった乳首を隆起させる手術もあって、こちらは乳首増大派にお勧めしたいところだが、30万くらいするそうだ。【黒沢】

【＊1】フランク叔父さん：究極の快感を求め世界中を飛び回ったあげく、ピンヘッドに切り刻まれてしまったセックス界の山岡士郎。フランク叔父さんが苦労して手に入れた禁断のパズルボックス。おひとつどうですか？　クレジットカードも使えます。
http://www.hellraiserpuzzlebox.com/shop.html
【＊2】セイノール：製造発売元・精進堂精薬株式会社。
【＊3】ザ・エクストラクター：http://www.bitesandstingsonline.com/extractor.htm

【＊4】ちちっ娘バトラー：エンマⅡを卒業した者だけが入学を許される快楽の大学院。
http://www.ic-net.or.jp/home/endoh/friends/lady/ee-15setu.htm

【＊5】奈美悦子事件：1996年頃。かねてから巨大な乳頭に頭を痛めていた女優の奈美悦子（当時46歳）が東京・中野の形成外科で乳首を小さくする手術を受けた。が、執刀医がしくじって乳首を喪失。両側ツンツルテン状態にされた悦子は激怒。訴訟を起こし、結局、執刀医側が折れて和解したという重大事件。

3

第3章
これが“エネマグラ”の正体だ！

エネマグラとの遭遇

わたしがエネマグラの存在を知ったのは（本書冒頭のプロローグで触れた）友人中田との会話から遡ること何日か前のこと。

桜が散って連休が終わり、蒸し暑さを感じる新大久保駅前の喫茶店「シュベール」にて、新しい物好きな川島（仮名）さんが嬉々《きき》とした笑顔で断言した。

「もうすぐ日本にも新しい快感の波がやってくるぜ」

はあ。新しい快感？

「あんた、エネマグラって知ってるか？」

意味が分からず、なんですかそれ。と思わず訊き返すと、川島さんはニヤリと笑い「あんたほどの地獄耳が知らないとはな。話せば長くなるけれど……」と前置きしてから、説明してくれた。

エネマグラとは別名「充満前立腺液絞出器《こうしゅつ》」といい、前立腺という部分をマッサージするための器具で、使うと女みたいなすごい超・快楽を味わえるんだよ……とのこと。

前立腺ってどこにあるんだ。え、チンコの奥？　そんなもんどうやってマッサージするの？　あああ！　ケツに入れる!?　そ、そんな馬鹿なことが……。

今なら笑顔で受け入れられる些細《ささい》なことが、とても大きな壁に思えた。ケツの穴に異物を入れて感じるなんて、申しわけないが変態のすることだと思っていたのだ。

前立腺の気持ちよさについては、ここまでしつこいくらいに説明してきた。前立腺を健康に保つため適度なマッサージが有効【＊1】なことも事実である。

エネマグラはハンズフリー。電池もモーターも使わず、肛門括約筋と腸の動きだけで前立腺と会陰部のツボをマッサージしてしまうという製品である。

間接的に肛門や直腸にもよい影響を与える（販売店の売り文句）そうで、人によっては「第三の性感」ともいうべき、強烈で反復する性的快感が現われることもあるらしい。

「第三の性感」か。そういや昔、テレビで『第三の選択』【＊2】とかいう番組を観たなあ。火星にいる宇宙人の存在をアメリカが隠してるとか、大統領が宇宙人と極秘コンタクトしてるとか、荒唐無稽《こうとうむけい》な内容だったけど、3年くらい真に受けてたんだよなあ。アルビン・トフラーの『第三の波』なんてのもあったっけ。

ハハ。とぼけるのはこのくらいにして、第三の快感とはすなわち「ドライ・オーガズム」のことである。ドライの話もすでにしたので、どんなものかはおぼろげながらもわかってますよね。

川島さんがあまりに熱っぽく語るので、もしや、知らなかったのは俺だけ？　恥ずかしいから話題に挙がらないだけで、日本中の人が、それこそ歯磨きでもするのと同じように、隠れて当たり前のようにやってるのだろうか……と思い、周りの友人知人に確認をとってみると、意外なことに経験者はほとんどいなかった。

新しい世界への扉の存在を私に教えてくれた張本人の川島さんも、アナルに異物を入れることには抵抗感があるのか、実際に試したことはないという。

後にかろうじて1名だけ知人にエネマグラ愛好者（前述の中田）がいることが分かったが、ドライ云々よりも先に、巨大化してしまった乳首に悩んでいるようで、彼の口は重かった。しかしそれは逆に、乳首の状態に気がつかないほどハマってしまったという意味にも取れる。

ともかく、興奮冷めやらないまま家に帰り、川島さんから指定されたＵＲＬをいくつか覗いてみると、そこでは凄まじい賞賛の嵐が吹き荒れていた。

「アナルバイブ？　エネマグラもそんなグッズのひとつか……と、最初は思ったのですが、予想に反して全く別次元の快感を目覚めさせてくれました。私はアヌスに対して適度の刺激を与えてくれるようなモノが欲しかったのですが、そんなことはもうどうでもよいと思うようになってしまいました」

「エネマグラから得られる『波状型』の快感は、男性本来のオーガズムではありません。つまり、これを使えば両性の快感を味わうことができるのです！」

引用するときりがないからこのくらいでやめるが、6万人の大群集がエネマグラに向かって一斉に挙手するさまを想像してほしい。そんな光景をスタジアムの特等席から眺めているような気分だった。ハイル・エネマグラ！　エネマグラ万歳！

バイブやローター、オナホール等の場合、体験談といっても店側が捏造《ねつぞう》している雰

第三の選択

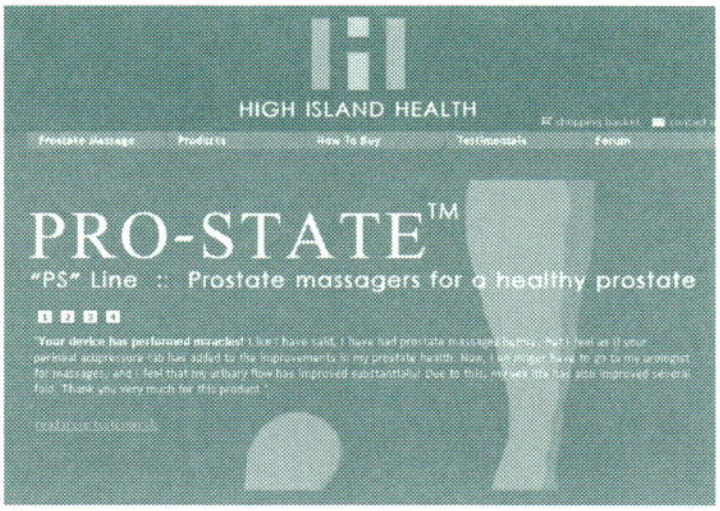

アメリカHIH社のホームページ

挙手する人々……

囲気プンプンのうさん臭いものが圧倒的に多いという先入観があるからか、鵜呑《うの》みにすることは少ない。

しかし、エネマグラの体験談には明らかに違うオーラが漂《ただよ》っていた。誰も彼も、悟りきったような口調で淡々と快感の素晴らしさを語っていて、決してギラギラしていない。それがかえってリアルなのだ。

わたしも彼らの後を追って修道士の道を進みたい。そしてドライ達成の暁《あかつき》には焚《た》き火を囲んだ村人たちを前に、吟遊《ぎんゆう》詩人のごとく軽快に体験談を語りたい。そんな風に思った。

とにかく、一本買ってみないことには始まらないので、まずは通販ショップを捜そうと、Google（検索エンジン）で「エネマグラ」と入力してみた。

すると、すごい……。売ってる店がたくさんありすぎて、どこで買っていいのか見当もつかない。

オロオロしてると追い討ちがかかった。ユーザーの間では半ば常識なのだが、市場に流通するエネマグラには「正規品」と「そうでない怪しげなもの」の2種類が存在するのだという。まるで、高級腕時計みたいだ！

エネマグラはもともとアメリカＨＩＨ社の製品である。正式名称を「Pro－Sta

te」といい、アメリカでは特許を取っていて【＊3】ボディにはHIH社のパテント番号が刻印されている。

ところがどういうわけか、怪しいエネマグラにもHIH社のパテント番号が堂々と記載されているのだ……。理由はわからないが非常にまぎらわしい。

正規品じゃないから半額で買えるんだよ……ということもなく、正規品と大して変わらない値段で売買されている。なおかつ工場職員の気まぐれか、怪しいエネマグラには成型時にできた「バリ」（余分な出っ張り）がそのままの状態で残っているものもあって、そういった不良品を無防備に体内に入れてしまうと、当たり前だが、肛門及び直腸を血だらけにする可能性もある。

バリを発見した場合、通は目の細かい耐水ペーパーとコンパウンドでキレイに磨きあげるそうだが、プラモデルを作っているわけじゃないので、余計な手間やリスクを回避するためにも、本書では正規品の購入をお勧めする。

今回購入した「初心者用」のエネマグラEXは販売価格5900円（税別）。こんなしょぼい出費で女の快感を知ることができるなら安いものである。

でも、根が小心者なせいか、注文ボタンを押した後、ちょっぴり不安にもなる。どこに隠したらいいだろうか。家族に見つかったらどうしよう……。

そんな心配をよそに、注文したエネマグラは2日ほどで配達された。直接家に届くのはまずい。という人は、郵便局止めかヤマトの営業所止めにしてもらえばよいだろう。

どうでもいいけど送り状の品名欄には「パソコン部品」と書いてある。店側としては気を利かせてくれたつもりだろうが、最近は恥ずかしいものを扱う業者が必ず書き込む品名である。

裏ビデオもエロDVDも、バイブも大麻もダッチワイフも痔の薬もみーんなパソコン部品。ここで女性読者にひとこと。もしも、あなたの旦那やお子さんの元にパソコン部品ばかり届くようなら、いっぺん疑ってみたほうがいいだろう。もちろん、気の利いた店の中にはお客の希望通りの送り主名、品名で送ってくれるので、心配は無用だけど……。

で、箱を開けて驚いた。商品画像はネットで散々見ていたけど、実物を見て思わず再脱力。電池も入っていなければ動きもしない、種も仕掛けもないプラスチックの塊である。こんなもので本当に第三の性感が味わえるのだろうか。

というか、その大きさにもひるんだ。太さはともかく、全長はCDの直径と同じくらいあってけっこうでかい。普段から尻の穴にモノを入れ慣れてる人なら話は別だろうが、座薬くらいしか入れた経験のない裏口処女の人々には、ちょっと想像を絶する代物である。

幸いわたしは昔、某病院の精密検査で肛門に内視鏡を入れられた経験があり、処女ではない。でも怖かった。

しかし、体験者によると「充分に潤滑剤を仕込んでおけば、入り口に先端を入れて道を促すだけで、ウソのようにスルリと入っていってしまう」そうで、なおかつ「イク瞬間が無限連鎖で果てしなく続くさまが想像できるかい？」と力説されると、猜疑心はすぐに立ち消えた。もちろん、恐怖心は残っているが……。

【黒沢】

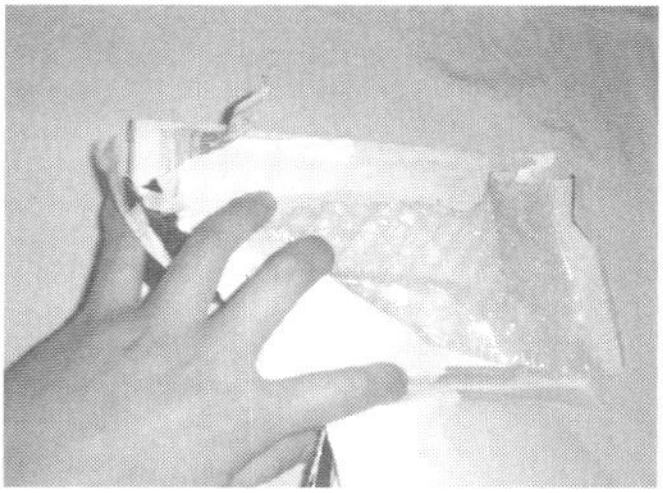
興奮の為、箱をビリビリ……

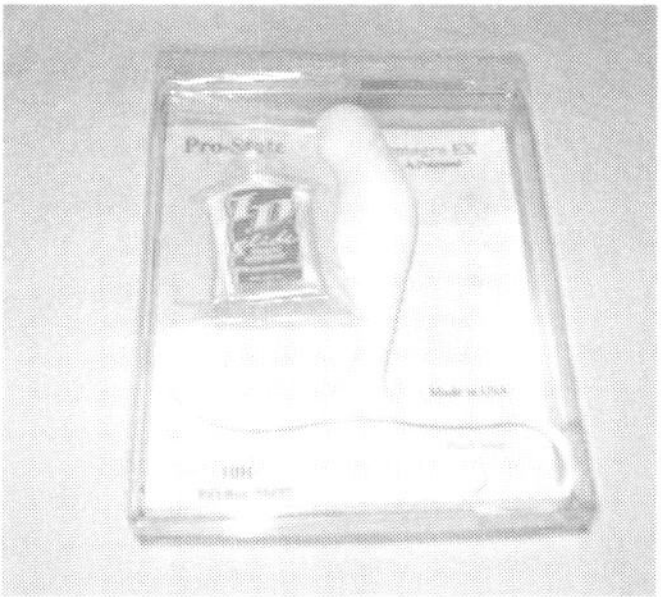

これがエネマグラのパッケージだ！

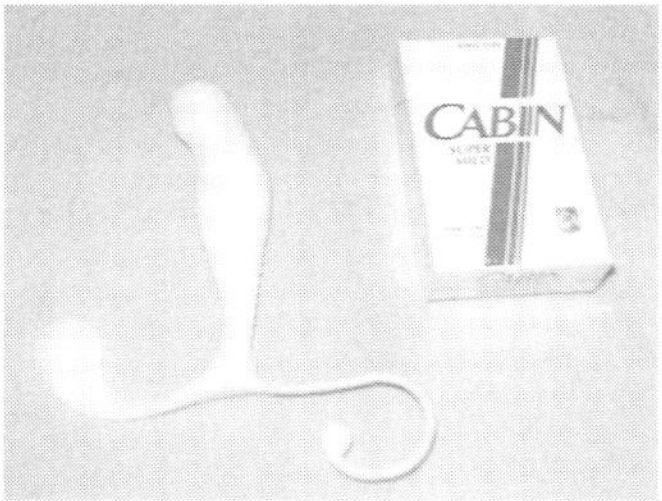

タバコと比較してみると……

【＊1】前立腺を健康に保つため適度なマッサージが有効：ただし、すでに前立腺の病気を患っている人には悪影響があることもあるので注意。そんなもの医師に相談したくないだろうが、気になる人はエネマグラを試す前に一度診察を受けたほうがいい。

【＊2】第三の選択：興味のある方はこちらで。法的にどうこうは知りませんが、動画で見れたりするみたいです。http://www.thule.org/alt3.html

【＊3】アメリカでは特許を取っている：アメリカ及び英国では「Pro-State」という名前で販売されている。パテント番号5797950。http://www.highisland.com/

エネマグラあれこれ

自宅に届いた謎のパッケージ。部屋の隅でこっそり開くと、秘密のお楽しみ棒が顔を出す。色白で、出るとこは出て、くびれるところはくびれてる。足は多少ひん曲がっているが魅力的だ。手にのっけてみると、重さはほとんど感じない。

【画像1】はエネマグラEXをスキャンしたものである。根元から先端までの長さはおよそ11センチ。胴体で最も太い部分の直径は約2・5センチだった。

パッケージにはエネマグラといっしょに、小ぶりなローションの袋【＊1】がひとつ入っている。しかしこれは「お試し用のオマケ」と考えたほうがいいだろう。実際、真剣にプレイを楽しんだ場合、ギリギリ1回分の量に足りるか足りないほどの微妙な量しか入っていない。

本格的に前立腺道に身を捧げる決意があるのなら、リッター単位で徳用ローション【＊2】を購入するのがベターだろう。ローションがなければハチミツやリンスでも代用できるが間違いなく高くつく。なお、腸内に入れたローションは多かれ少なかれ身体に吸収されるので、得体のしれない安リンスは危険だ。頼むからローション買ってくれ。雄大な富士山を前にして、おもちゃの三脚しかなければいい写真は撮れない。それと同じことである。

しかし、ローションと一口に言っても質は千差万別。腸内での吸収が早いサラサラの水性ローションでは、長時間に及ぶエネマグラ使用時に補給が追いつかず、どうも落ち着かない。できれば粘性の高いものがお勧めだが、油性ローション（ワセリンなど）は、プラスチックやゴム製品にダメージを与える可能性があるし、局所麻酔成分が含まれているローションは怪我をしても気づくのが遅くなるので使わない方がよいだろう。

パッケージには使用説明書も入っているが、これもまた最低限の説明でしかないので、軽く一読したあと、パッケージといっしょに引き出しの奥にでも保管しておこう。具体的な使い方は後でじっくりと紹介するのでご心配なく。

前の項でもさらりと触れたが、エネマグラは電池やモーターを一切使わない地球にやさしい設計である。本当にやさしいなら木製にしたらいいだろうとか言うなかれ、木はローションを吸収するので材質としてはプラスチックが好ましい。森林も切らなくてすむしね。

エネマグラを上から見下ろすと、なすびのヘタに足が2本生えたような、一見意味不明の形状だが、実は各部所にそれぞれ快感を与える秘密でスペシャルで崇高な役割が与えられている。

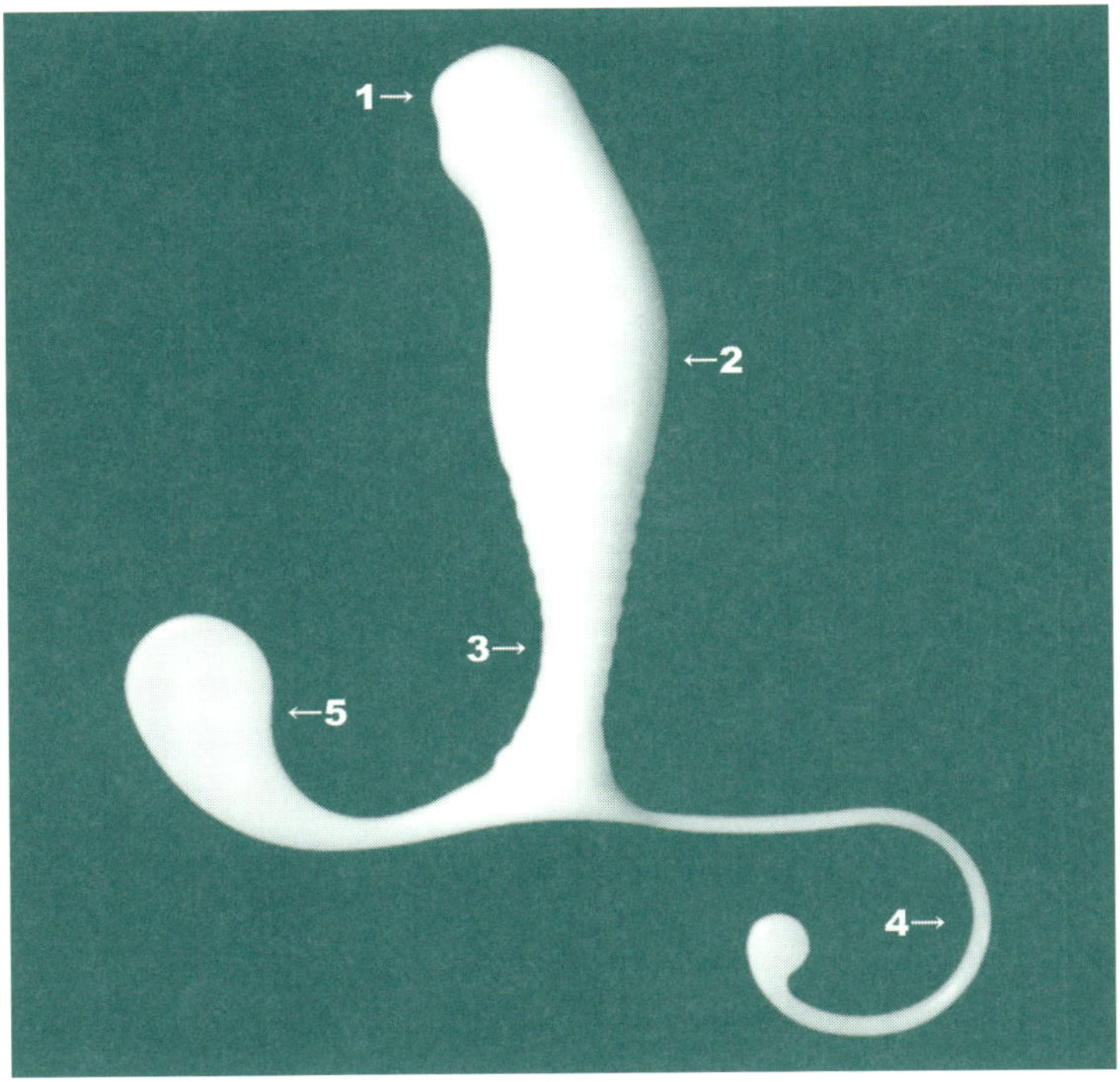

［画像１］エネマグラEX・図解

まずは、変形なすび状にくびれたボディの先端部分を見てもらいたい。なんとなく聖母マリアのシルエットにも見えるが、それは気のせい。ボディが完全に入った際、〈1〉で示した先端部が適度な圧力とともに、肛門や腸の動きと連動して前立腺に刺激を与える【＊3】。

先端から根元に向かい下っていくと、ウェストの部分で輪郭が太くなり、その後ゆっくりしたカーブを描いて細くなりつつ、微妙な凹凸が刻まれた根元部分に到達する。〈2〉がなぜ太くなっているかというと、この太い部分を直腸内に入れた状態でアナルを締めつけることにより、本体を腸の奥へ奥へ導いてゆく役目を受け持っているというわけ。

根元〈3〉のスパイラルな部分は、エネマグラが腸内へ完全挿入されたとき、直接アナル周辺と触れ合う場所である。恐らく、この凹凸が肛門部と触れ合うことによって、心地よい挿入感を生み出すのであろう。確認してはいないが、イボイボコンドームと同じような意図と思われる。

エネマグラの根元からは2本の足が出ている。U字型に湾曲した後ろ足のツル〈4〉は、お尻の割れ目に沿ってフィットし、エネマグラが深すぎず、浅すぎず、前立腺の位置に留まるようストッパーの役目を果たしている。かつ、指先でジョイスティックのごとくツルを操作することによって、直腸内に収まったエネマグラを自在に動かすことも可能だ。

もう一方の「HIH」と刻印が彫られた円盤状の前足〈5〉は、エネマグラを正しく挿入した際、ちょうど身体の正面側。場所で言うと金玉袋と肛門の間の会陰部に当たるよう作られている。

肛門括約筋が収縮して、エネマグラが腸の奥に嬉々としてめり込むとき、刻印のある円盤部分〈5〉が会陰部を指圧するように押しあげる形となる。

すなわち、前立腺と肛門、おまけに会陰部までもが同時に刺激されるという三段お楽しみ攻撃……。これら3つの快感が相互に結びついて、大いなる最終目的である「ドライ」への道を切り開くというわけなのだ。

会陰部開発の重要さについてはすでに述べたが、もしいま、少しでも尿意があったら、いますぐトイレで思いっきり放尿を試みてほしい。そして、尿をジャージャーぶちまけている最中、騙《だま》されたと思って会陰部に人差し指をあてがい、キュッと軽く押してみよう。指の第一関節が隠れる程度でオーケーだ。

ほうら、小便ピタッと止まるでしょう？　どうも、会陰をとりまく筋肉の仕組みでそうなっているようだが、実は小便だけではなく、射精する瞬間に会陰を押すと精子も出なくなる。早漏の人にはちょっといい話であるが、それはさておき、性交中にここを押すのは至難の業かもね。

話がそれた。肛門を締めるたびに会陰を押す仕組みには、快感を与えるためという大義名分もあるが、本当のところ、オーガズム時に会陰の筋肉が微妙に収縮することで射精が誘発される……という事態を防ぐ役割を担っているのかもしれない。

つまり、エネマグラの前足が会陰部をググッと押さえつけることによって、快感開発とともに射精をも抑制する働きがあるというわけだ。ドライ・オーガズムのための秘密機能である。

余談になるが、エネマグラには両足が針金状の金属でできているモデルもある。こちらは会陰への刺激が少し強烈。あのヒャッとするのがいいという人もいるが、金属の冷たさを不快と感じる人、痛みを感じる人も多い。

足がプラスチックになってからは、ずいぶんマイルドな刺激になったと思うが、それでも前立腺に集中できないからと、この部分を切り取ってしまう猛者《もさ》もいれば。反対に「邪魔だから」と後ろのU字ツルを切る場合もある【＊4】。

金属モデルは加工が難しいが、プラスチック製エネマグラは不要部分を切り取ってしまっても、切断面を磨くなり、熱を加えて溶かしながらツルツルにすれば、切り口が肌に突き刺さるようなこともなくなった。

だが、改造が楽チンになったからといって、両足まとめて切るみたいな極端なことをすると、肛門部のストッパーがなくなってしまうので極めて危険。万が一、腸に入ったまま取り出せないような最悪の事態に陥れば、病院に担ぎ込まれたあげく、朝のニュースで紹介され、自治体がエネマグラ規制に動き出す可能性もある（ないか）……。足を切るのは自由だが、どちらか片方だけにしておいたほうが無難だろう。

正規品とそうでないモノの比較検査

マトリックスのDVD、ウィンドウズXP、たまごっち、ブルース・リーのそっくりさん……。過去、人気のあったものには必ずといってよいほどコピーが存在した。エネマグラもしかり、市場には怪しげなエネマグラが数多く流通し、特に売れ行きの盛んな日本では、本家に脅威を与えるほどの勢いで勢力を増している。

そこで我々は正規代理店の販売するエネマグラと、そうでないエネマグラの2種類を極秘入手（って、買っただけですが）。この2本を適当に比較してみた。気になる入手先だが、色々な大人の事情【＊5】があるようなので公開を自粛する。

結論から先に言うと、ネットの掲示板などで言われている通り「正規品はいい」という意味がなんとなくわかった。

2つを手に取って見比べると違いは明らかだが、まず次ページの【画像2】をご覧いただきたい。若干ピンボケしているけど、非正規品を背後から撮影した画像である。背骨のように上から下へ走る線が見えるだろうか？　こんな感じで、「怪しいエネマグラ」には指で触るとはっきり判る盛り上がりが確認できた。この盛り上がりは成型したときにできたバリのようなもので、頭頂部を経由して反対側にも続いている。肛門や直腸を傷つけるほど酷くはないにしろ、投げやりな仕上げで出荷されていることがうかがえる。

続いて【画像3】を見てみよう。左側はツヤ消しだが、右側のエネマグラには光沢というかツヤがあって、ツルツルしているのがわかる。画像ではイマイチ目立ってないが、実物を比べると差は歴然としている。

これがプリンとか和菓子なら、艶があってツルツルしてるほうが美味《うま》そうなのだが、エネマグラの場合はツルツルしているとローションのノリが悪く（弾いてしまう）、ローションが充分補充されてないと腸壁に密着しやすい。

腸壁と密着してしまうと、動きが悪くなって本来の目的を果たすことなく、緊急時に抜きにくくなったり、無理に動かそうとして腸壁を傷つける危険性もある【＊6】。正規品のエネマグラがツヤ消し風なのは、そのへんに配慮した理由があるからなのだ。

かといって、正規品がザラザラしているから切れ痔の人は要注意……ということではなく、正規品も充分なめらか。光沢仕上げになってないだけの話。ご安心ください。

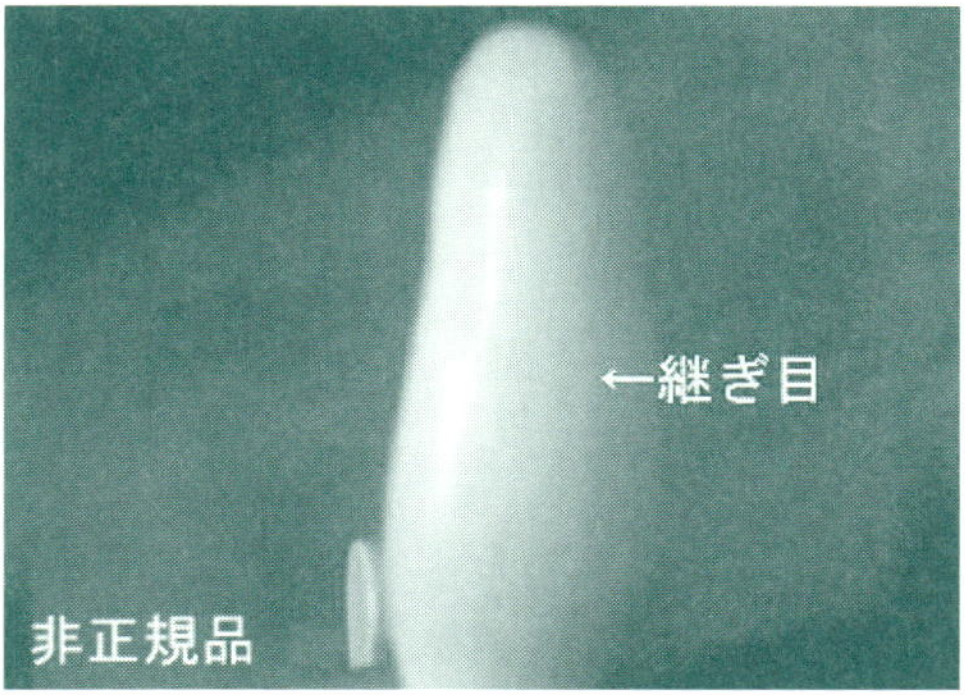

［画像２］非正規品は、継ぎ目が目立つ

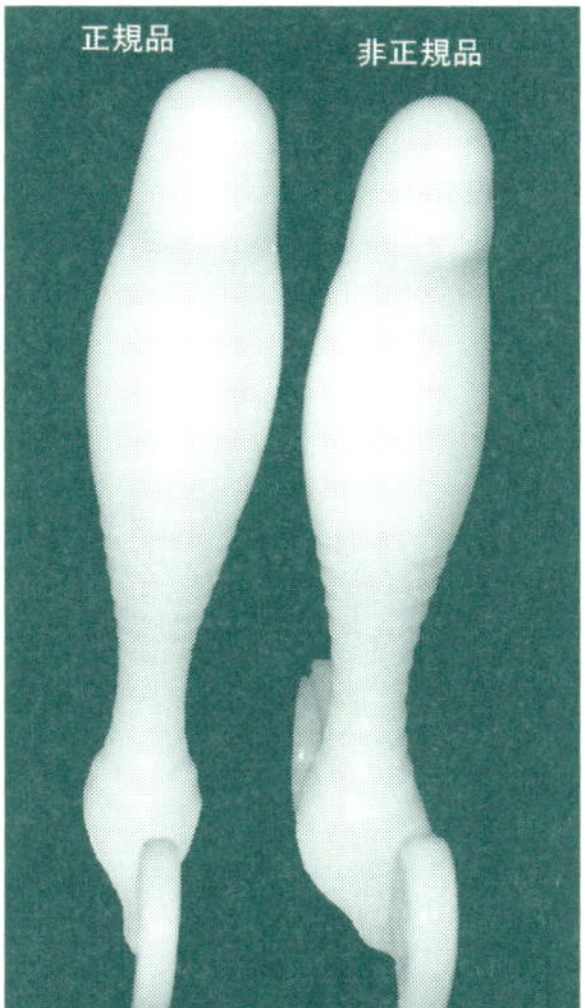

［画像３］てかりの比較

というか、切れ痔の人は病気を悪化させる恐れがあり、そもそも痛いだろうからエネマグラは使わないほうがいいと思う（イボ痔の場合は症状によるので医師と相談してほしい。そんな相談したくないって？　ごもっとも……）。【黒沢】

【＊1】小ぶりなローションの袋：アメリカ製・IDローション

【＊2】徳用ローション：1リットル、1・5リットル単位で買うこともできる。たくさん買えば買うほど単価が安くなるのは言うまでもない。最初にローションをドカンと買ってしまうと気合いが入っていいかも。

【＊3】肛門や腸の動きと連動して前立腺に刺激を与える：人によって前立腺の位置は微妙に違うので、いちがいに全員同じ場所とは言えない。また、前立腺自体も痙攣する。

【＊4】後ろのU字ツルを切る場合も：このツルは唯一あまり意味のない部分である。ただ、取っ手のような形をしているので、ここをつまんで位置を微調整するのが醍醐味、という愛好家もいる。

【＊5】色々な大人の事情：ものすごく複雑な事情があるようなので……。

【＊6】無理に動かそうとして腸壁を傷つける危険性もある：腸内にたっぷりローションを入れておけばよいのだが、初心者はついついローションをケチる傾向がある。ま、あまり入れすぎるとウンコしたくなってくるので、それも難点。

充実のラインナップ

ＴＰＯにあわせて、様々な着こなしが求められるように、エネマグラもまた、尻の穴の鍛錬具合・前立腺の個人差などに応じて、様々なモデルから自分に合ったものを選ぶことができる。

ここでは、現在発売されているエネマグラ・ラインナップからひととおり、製品シルエットつきで紹介してみたい（次見開きページを参照）。【黒沢】

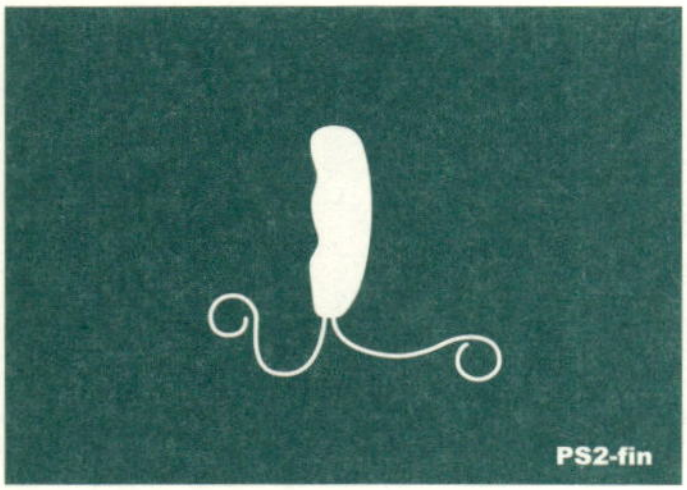

［3］エネマグラＰＳ－２Ｆｉｎ
特に日本のビギナー向けに開発されたというモデル。シリーズ中最も小型で、あまり大きなものを尻に入れたくないという慎重な人にはお勧め。でも、ボディの激しいうねりには威圧感を感じるんだけど……。
両足が金属製のため、前足（会陰刺激）の角度調整を行なうこと可能。
しかし、金属製の足は充分温まっていないと真冬のプレイで肌に触れたときに集中力を分散させる恐れもあって、一長一短だ。

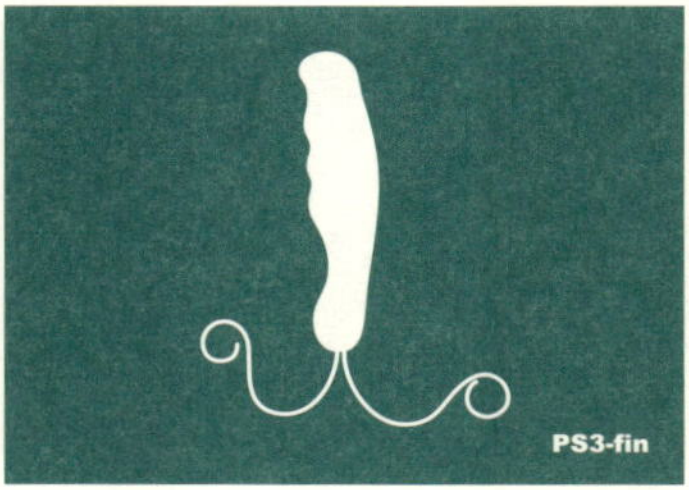

［4］エネマグラＰＳ－３Ｆｉｎ
エネマグラの故郷、アメリカで販売実績ナンバーワンを誇る人気モデルがこれ。

胴体に刻まれた鱗の数が３つあることから「ＰＳ－３Ｆｉｎ」と名づけられたそうだ。

長いだけに、手を添えながら挿入する際の深さ調整をすることもできる。その気にさえなれば、短いモデルで手の届かない奥の方までこすることも……。

勇気をもって、さあ、もっと奥へ！

［7］エネマグラＤＯＬＰＨＩＮ－ＢＩＧ
「ＢＩＧ」が初心者を震えあがらせるのなら、こいつは正にモンスターと呼ぶにふさわしい……。というわけで、ハイレベルなマニアをも畏怖させる化け物。肛門が充分鍛えられていなければ、入れることすら困難だろう。
しかし、一旦入れてしまえば他の追随を許さない。強靭な精神力と体力をも要求する圧倒的な内圧。効き目は入れた者にしか分からないが、わたしにはちょっと無理です。

［1］エネマグラＥＸ
日本人に最も愛されているベーシックなモデル。市場に出回っている本数もダントツで、同じモデルを使う仲間が大勢いるという連帯感が頼もしい。ヘッド部分の傾斜が他のモデルと比較して急角度であることからわかる通り、大きなマッサージ効果が期待できる。

［2］エネマグラＥＸ２
執筆時最新のモデル。シンプルにまとめられたデザインで見た目のインパクトは若干弱いが、質実剛健と言えなくもない。ＥＸから曲線やうねりを取り除いたような風貌からは、万人向けという印象も受ける。実際、米国・英国・日本でのユーザーデータをまとめあげ、人種による人体構造の微妙な違いをも克服しようという意欲作のようだ。

［5］エネマグラDOLPHIN
「ＰＳ－３Ｆｉｎ」よりも若干短いものの、くびれたボディラインの効果で、肛門を締めたときの引き込み力はこちらの方が強い。ヘッドの形状がどことなくイルカを思わせるところから「ドルフィン」と呼ばれている。海を愛する男なら、ぜひとも試してみたい逸品だ。

［6］エネマグラＢＩＧ
肛門上級者用。直腸全体に圧迫感を与える巨大なボディは初心者を震えあがらせる。しかし、内実は突起の少ないつるつるしたデザインのため、なめらかに腸内を動き回り刺激もマイルド。生産数が極端に少なく、ハンドメイドで一本一本製作されるそうで、日本では常に品薄の商品である。

備えあれば憂いなし。エネマグラ・セッティング

さっさと入れて、さっさとドライドライ……と鼻息荒く焦っている皆さん。気持ちと肛門の準備はオッケーですか。駆け込み乗車にお気をつけください。

エネマグラは通常のオナニーとは違い、準備から後片付けまでの時間を入れると少なくとも2時間は拘束される。

正直、ホレ、ちょっと時間が空いたからドライしてみっか……的な気軽さはまるでないし、時計を気にしながら入れてもドライには達せない。もっともっと、神聖なものであると考えたほうがいいだろう。

あなたがエネマグラの製造元や神様やビックバンにしっかり敬意を払い、準備万端でプレイに臨《いど》めば、見返りとして素晴らしい快感が与えられるに違いない。ウンバカバ、ウンバカバ、ドンドコド。我にドライを与えたまえー。

冗談はさておき、目を血走らせ付属マニュアルを熟読すると「初心者は30分から1時間の挿入を週2回から始めよ」とのこと。体調がよければ毎日エネってもかまわないそうだが、通常出すばっかりのケツの穴に異物を入れるというのは、実際やってみると想像以上に体力を使うものである。

普段あまり使わない筋肉の酷使。直腸粘膜を傷つけ出血。慣れていないと、とても

じゃないが身体がついていかないない。そんなわけで、初々しい直腸を思いやりつつ、ゆっくりエネマグラと接しようという余裕の心も大切だ。

当然、下半身は素っ裸。もしくは全裸で行なうのが普通なので、風邪のひき始めは室温にも注意。というか、風邪ひいてるんだったら別の日にしたほうが……。

そんなこんなで「地位？　名誉？　道徳？　それ気持ちいいの？」的な心構えができたところで、ひとり暮らしなら憂《うれ》いなし。もしそうでない場合、２時間余り孤独が保証されて、なおかつ横になれるスペースを用意しなければいけないが、そんな場所、あるようで実はない。

最近の家は広く見せるため、壁やドアを省く設計が流行りのようだ。たまにチンコをいじりながら『渡辺篤史の建もの探訪』【＊1】を観ていると、ホホウ、こんな設計じゃセックスの声が子供部屋に丸聞こえじゃないか、自然な性教育ができそうですねエ……とか、壁のない開かれた子供部屋ですか。フーム。○○君（息子さん）は人に見られてのオナニーに目覚めるんでしょうなあ、マーベラス……と、本来聞くことのできない渡辺篤史の心の声がリアルタイムで耳に入ってくる。もちろん、ＢＧＭは小田和正。

家族には絶対見せられない野獣のような痴態。だが、あえて見せることによって快感が高まり、家族間の壁が消えることも?……いやいや、普通は見せたくないですよね、そんなもん。

このへんの対策は、本章章末のコラム「オナニー現場に踏み込まれた!?」を参考にしてもらうとして、弁護士や理事長など、誰かに見つかったら洒落にならない立場の方は、連れ込みホテルのご休憩コースで楽しむか、もっとリッチな東京全日空ホテルの「ショートステイプラン」を使うなり、適当にやってください。そうじゃない人は、風呂場、クルマの中(ワゴン車)、屋根裏など、それなりに広く、かつ孤独になれる場所をご用意ください。

続いてはエネマグラ・プレイに必要なアイテムの紹介。といっても簡単なもので、肝心のエネマグラ、潤滑用のローション、ティッシュ、気分を盛りあげるためのエロ媒体。この程度である。声のでかい人は別途、猿ぐつわを用意してもいいだろう。

準備が整ったらパンツ(女装派の人はパンティ)を下ろして半裸になり、直腸を軽く洗浄する。本来極端な便秘でもない限り、ウンコがしたいと思わなければ直腸内はきれいな状態なのだが、一応念のため。

人によっては浣腸するらしいが、そこまでしなくても簡単な直腸洗浄で充分である。浣腸するとかえってエネマグラ中に便意を催すこともあるので、どうしても浣腸したいなら少量に留めておこう。

余談になるが、腸洗浄とは突き詰めてゆくと、それだけで気持ちのよさが完結してしまうほど奥が深い世界。わたしも一時期はまって、和田研究所（どうでもいいけど通称ワダケン）からシャワラー【＊2】を買ったりしたことがある。

シャワラーは点滴のようなプラスチックの瓶とケツに入れるチューブのセット。これで何と3万円。届いた現物を見て、原価は230円くらいじゃ……と思ったりもしたが、恐らく天文学的な研究開発費が費やされたのだろう。お詫びというか埋め合わせというか、オマケでシャワラーの使いかたを解説したビデオテープが入っていて、これが実に傑作だった。

再生すると、便所でモデルの若い女性が実際にシャワラーのチューブをケツに突っ込み、カメラの前で「ジョッジョッジョッ。ブリブリゴボッ」と、これ以上ない下卑た音を立てながら腸洗浄を始めるのだ……。一応、局部にモザイクはかかっていたが、つまらない裏ビデオより新鮮だった。これだけで3万円の元はとれたと思う。

そんなシャワラーは大腸全般を洗浄するための器具である。エネマグラの前戯に使用するのは運動会のビデオ撮影をジョージ・ルーカスに依頼するようなもので、少し大げさだ。

直腸だけを洗浄したいなら、エネマグラ・サイトでも販売している「レクタル・シリンジ」にぬるま湯を入れ、肛門内にシャワーすればよい。2回もやれば充分で、入れすぎると湯が奥に残り、エネっているときに逆流して便意を催すことがある。

そんなもの買う金がない場合は、ウォシュレットでも代用可能。噴射の勢いをあげて、湯が括約筋を直撃する体勢を維持しながら少し力むと、肛門が開いて直腸もきれいになる。このとき腸の内部に入った僅《わず》かな水は残さず出しておくこと。ティッシュをあてがい、少し力むと抜くことができる。

ウォシュレットなんて、そんな高級なモノありません……という人は、少々手間はかかるが風呂場のシャワーヘッドを外し、ホースを直接肛門にあてがうようにして、ぬるま湯を出しながら力んでも同じ効果が得られる。でも、熱湯でやらないようにね……。

ちなみに水圧が高すぎると直腸を傷つけ、白い腸壁が排水溝に固まったりすることになるので、見たくなかったら気をつけよう。

もうひとつ。ぬるま湯のかわりに牛乳で直腸を洗うと腸壁の保護にも繋がるらしいが、そっち方面にエスカレートしてもきりがないので、初心者はお湯くらいにしておいたほうが身のためだ。

参考までに。エネマグラに臭いやウンコが付着することを気にしなければ、ここまで説明した直腸洗浄はまるでどうでもいいことだ。ウンコがついても洗えばおしまい。

細かいこと気にすんな！

と、これまでの話を全否定するのも何なので、洗うことによって腸壁に適度な刺激を与え、感覚を敏感にするという学説を紹介して、先に進もう……。

ローションは、肛門よりも、直腸に（川柳）

イヤッホー！　待ちに待ったローション・タイム。

最近では温感、勃起維持効果つき、ストロベリー味、気泡入りなど、色々な種類のローションが売っている。エネマグラのお供にするのなら、味はどうでもいいので粘度があって乾きの遅い水溶性ローションを選びたい。

水溶性ローションのいいところは後始末の簡単さ。水で簡単に洗い落とせるし、使用中に乾いてしまったときも、ごく少量の水分を与えれば【＊3】粘度を復活させることができる。透明なのでシーツや服に付着しても汚れることもない。

エネマグラのパッケージに入っている小袋のＩＤローションは、アメリカでわりとメジャーな肛門用の水溶性ローションだ。肛門用ローションには成分にグリセリンの含まれているものが多く、ＩＤもその部類に属している。

グリセリンって浣腸に入ってる成分だろ？　ＩＤにグリセリンが入ってるならウン

コしたくなるんじゃないの……。という声もあるが、ローションに含まれているグリセリンはごく僅かな量でしかない。

少量のグリセリンは肛門や直腸にとって有益で適度な刺激となり、腸の蠕動《ぜんどう》を促してくれるそうだ。蠕動運動はエネマグラ・プレイにおいて「腸内でエネマグラが勝手に動き回る状態」を作り出す、パン作りに欠かせないドライ・イーストのごとく重要な存在。

もしも便意が強いようであれば、グリセリンが含まれていないペペローション等とIDをお好みの量で調合するなり、使い慣れたローションに薬局で売っているグリセリンを薄めて混ぜる【＊4】なりして、オリジナルのグリセリン・カクテル・ローションを製作するのも楽しい……かどうかはあなた次第だが、まあ、お試しあれ！

もちろん、グリセリンを含んでいないローションでも、粘度が高ければ充分使用可能である。初心者は機能云々よりも多量のローションを使うことでエネマグラに慣れ親しんでゆくので、あまりこだわらず量で勝負しよう。たぶん、色々な種類を使っていくうちに、自分好みのローションも見つかると思う。

さて、直腸をソツなく洗ったら、指先にローションを少量垂らして肛門周辺を優しくマッサージする。爪は伸びていないか！　指先は清潔か！　もう大人なんだから、

ローション注入時体勢

お尻の穴からローションが
あふれ出さないよう、
注意深く入れよう。

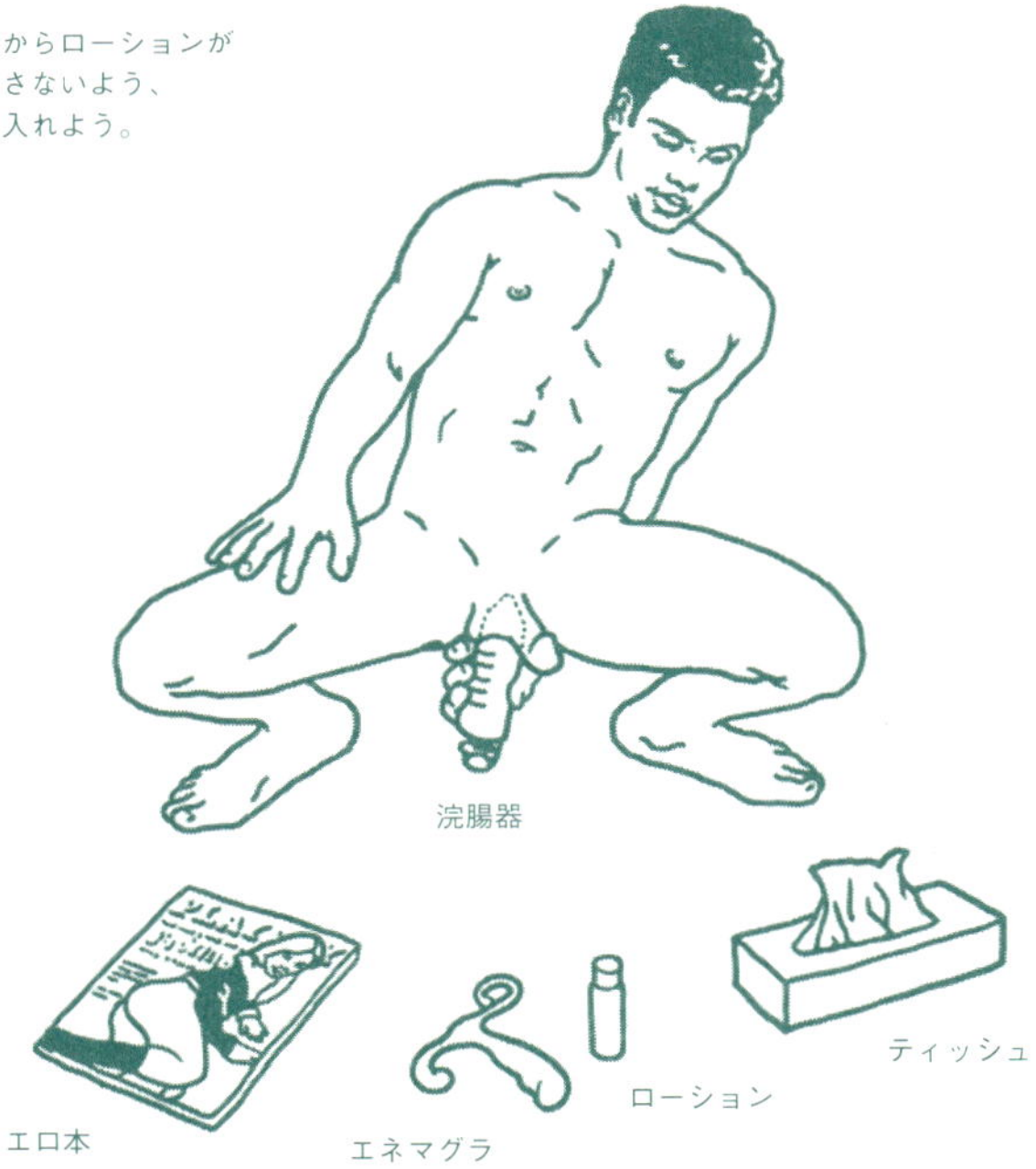

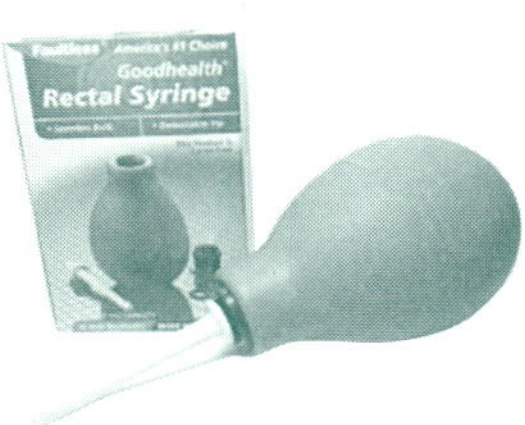

レクタルシリンジ

言われなくてもそのくらいは気がつきますよね。

肛門周辺が適度に柔らかくほぐされてきたら、いよいよ直腸内へローションを注入する。挿入前のエネマグラにも若干量を塗っておく【＊5】とよいが、いくらエネマグラに大量のローションを垂らしても、入れる際、肛門括約筋に全てすくい取られてしまう。なので、エネマグラには最低限湿らす程度のローションを塗り、残りはダイレクトに直腸内へ流し込む。これがポイントである。

どうやって、強固なダムに守られた直腸内へローションを流し込むのか。正攻法では肛門に全て弾かれてしまうので、別のアプローチを考えなければならない。

吸い出しが容易で、注入も簡単なアイテム……といったら、真っ先に思いつくのは針を外した注射器である。ローションの容器から吸い出すのも、肛門に入れてから注入するのも片手でできる。目盛りがついているので注入量も明確にわかる。言うことなし！

しかし、日本では「注射器＝シャブ中」のイメージがあるのか、薬局では簡単に売ってくれない。抜け道として昆虫採集セットの注射器を流用するという手もあるが、アクアリウム・ショップや東急ハンズに行けば、人体用ではない別用途の注射器が売っている。

これらは針先が刺さらないよう加工されているため、覚醒剤を打つのには不適合だ

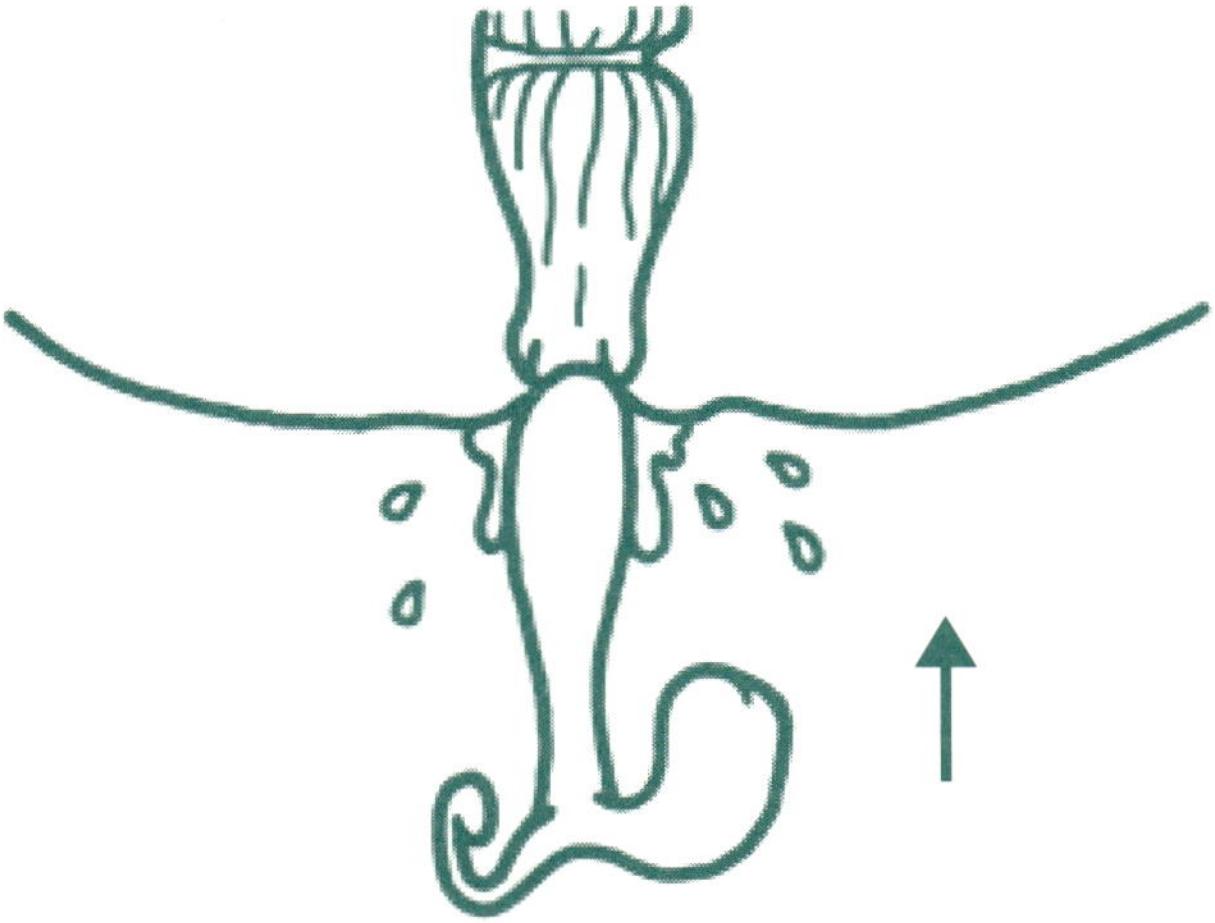

「ローションむだづかい」の図

直腸は狭く、肛門括約筋が入口で肛門を締めつけているため、
エネマグラにいくらローションをたくさん垂らしても、
入口ですべて弾かれてしまう。
すなわち、ケツのあたりがドロドロになるだけで無駄だ。

が、ケツにローションを入れる用途には充分だ（くどいようですが、針は使いません）。値段も安く、100円くらいで入手可能。いますぐ買いに行こうぜ！

何かのトラウマで注射器に抵抗があるのなら、ガラス製の浣腸器を手に入れよう。もともとケツに入れる用途で作られているので安心感が違う。目盛りもきっちりついてるし、通販でいくらでも売っているのでお気軽に購入できる。しいて言うなら不必要に巨大なのが難点。買うときはなるべく小ぶりなものを選ぶといいだろう。お勧めは「笹川式ガラス浣腸器」の50ml版。実売価格は5千円前後である。

腸洗浄にレクタル・シリンジを使ってる人は、ローション注入にも転用可能だ。なければコンビニ弁当に入ってるソースの容器を洗って再利用するという『伊東家の食卓』みたいなセコい裏技もあるが、少しむなしいかもね……。

余談だが、ローションによってはあらかじめ容器の先が肛門に入れられるように設計されているものがある。

ただし、1回で全部使い切るつもりならまだしも、腸内でローションを搾り出したとき、反動で腸内の物質が容器に逆流するのではないか。ケツに入れた後は容器を消毒しないと大腸菌が繁殖するのではないか（特に挿入する先端部分）……など、衛生上の疑問があるので試していない。

……と書いたけど、実は試しました。結論、容器が固くて一度にごく少量のローションしか絞り出せず、挿入中うっかり手の力が抜けたとき、腸内に出したローションが容器に逆流！　なんだかとっても不愉快な気分になったとだけ報告しておこう。あまり多くは語りたくない。

注入するローションの分量だが、20cc以上入れると便意がひどくなるので、10〜15cc程度でいいかと思うが、このへんは試行錯誤してもらいたい。

では、皆さんの尻穴の中にローションが満ち満ちているであろうと想定しながら、続きは次の章で。

【黒沢】

【＊1】渡辺篤史の建もの探訪：「ホホウ……」「ウーン」「ハハァー」など、各部屋ごとに異なる渡辺篤史の呟《つぶや》きで有名になったお宅拝見番組。最近では壁の材質を一発で言い当てるなど、渡辺篤史の成長ぶりも垣間見える。

【＊2】シャワラー：タンクのぬるま湯をチューブで肛門に入れ、宿便をとる健康法実践器具。1回あたり合計10リッター以上もの温水を入れるので、便所に1時間近く篭《こも》ることになる。慣れると身体の芯から清潔になったような気分が味わえて爽快。かなりの体力を消耗するので、ダイエットにも効果がある。

【＊3】ごく少量の水分を与えれば：ちょっと汚いけど、ツバをペッペッ！とかけても、粘度が復活。

【＊4】薬局で売っているグリセリンを薄めて混ぜる：グリセリンは千円くらいで売っている。ごく少量をとり、ローションで20～30倍に薄めて使う。

【＊5】挿入前のエネマグラにも若干量を塗っておく：エネマグラにローションを塗る前、手で握って人肌に温めておくと、あとでいいことが……。

エネマグラ・コラム02 オナニー現場に踏み込まれた!?

男に生まれてきたからには、一度は母親や奥さん、兄弟姉妹にオナニー現場を目撃されてしまったほろ苦い思い出があると思う。しいて言うならば、この世で一番恥ずかしい経験だ。

相手も別に、オナニー現場に踏み込みたくて踏み込んでいるのではない。発見された方はむろん災難だが、そんなもん見てしまった家族もまた「え!?」である。

そのまま「ごめん」と襖《ふすま》を閉じてくれれば傷は浅いが、相手がショックのあまり「あんた、何してるの!」と逆上しようものなら「うるせえ! 見りゃわかるだろ」と、親子の間に小さな始皇帝が現われ、万里の長城が築かれるであろう……。そうならないためにも用心深くなりたいものだ。

賢明なる読者諸君は、日頃から廊下の足音、気配、床のきしみ音などに細心の注意を払い、なおかつヤバいもの（エロネタ等）の配置にも気を配っていることと思うが、良質のおかずを入手したときなど、つい気がゆるみがちだ。

万が一現場に踏み込まれ「オナニーしてただろう!」と詰め寄られることがあっても「何事もなかった空気」さえ漂《ただよ》わせることができれば、百歩譲って下半身素っ裸だったとしても「いや、腹が痛くてさ」とかなんとか、適当な文句でごまかせる可能性もなきにしもあらず。言いわけは先に考えておこう。

注意を怠り現行犯逮捕という最悪のケースに陥れば、言い逃れることはもはや不可能。かん高い弁明の声だけが虚しく響き、家族との雰囲気もいっそうぎこちなくなって、一家離散ということも……。

ここで必要なのは野ウサギのごとき警戒心だが、見張りでもいればともかく、男ひとりでは快感が高まるにつれ、部屋の警戒体制がおざなりになってしまうのは避けられない。また「俺は3分ですむから平気」などという言葉は、（本書のメインテーマである）前立腺オナニーを知る者にとって無意味でしかない。

＊

興奮と警戒の関係を例にあげてみるとこんな感じだ（左ページ［資料1］参照）。デフコン【＊1】3から2にかけての状況が最も危険といえよう。

逆にオーガズム寸前まで行ってしまうと、何かあっても弁解のしようがないだけに開き直ってしまう傾向にあり、敵も思わぬ反撃にひるみ、うやむやになるケースが多い。

高まりすぎて射精してしまった場合などもしかり。男たるもの、5秒間も余韻を楽し

［資料1］興奮度と警戒度の関係	
［デフコン5］	物音や気配に最大限の注意を払っている状態。部屋の半径2メートルは米国大使館並みの厳戒態勢。
［デフコン4］	エロビデオは導入部。雑誌は抜きどころを探してる最中。備えは万全。来るなら来い！
［デフコン3］	興奮してくるに従い、周りが見えてこなくなる。
［デフコン2］	視覚聴覚は麻痺。注意の9割は下半身に向けられている。いきなりドアを開けられても気づかないどころか、地震が来ても避難よりティッシュに気が行ってしまう。
［デフコン1］	オーガズム寸前。親に咎《とが》められても「なんか用か！」と開き直ってしまうほど、頭の中は真っ白に。

オナニー現場に踏み込まれた!?

めば、自然と日本カモシカ（絶滅寸前）並みの警戒本能が戻ってくるので問題ない。要は、中途半端に盛り上がっているときがヤバいのである。

毎回トイレで寂しくオナっていれば安心だが、ネタも満足に持ち込めず、場所が場所だけに快楽のためというより、単に液体を排泄する運動という雰囲気で、味気ないことこの上ない。落ち着いた心地よい環境でのマスターベーションこそ、真のリラクゼーションといえまいか。

狭いトイレでちゃちゃっとすませ、安心しきっている味気ない農耕民族の男どもよ……はっきり言おう。それはオナニーではなく白い放尿にすぎない。

リスクを恐れず、居心地のいいデラックスな自室で良質のネタに囲まれ、全裸にバスローブ（白）、手の届く場所に年代物のワインと柔らかティッシュ。そして右手にはエネマグラ、左手にローションというのが名誉白人の理想的姿ではないだろうか。

共著者の下条氏は、これまでトイレでオナった経験が一度もないという豪傑である。彼は長い人生を通して、扉すらない開放的な自室で堂々とオナり、両親はもちろん、取引先の社長から従業員に至るまで、周りの人にもれなく自分のオナニー姿を目撃されてきた。警戒心がゆるいというべきか、そこまで激しいオナニーなのか。

そのへんの露出狂よりも、ある意味ビッグな下条氏とのディスカッションをもとに、オナニー環境問題について読者へいくつかの提言をしてみたい。

Enemagra Column 02

こんなのが踏み込んできたら!!

オナニー現場に踏み込まれた!?

かみさんの気性が荒く、センズリ見つかったら速攻で離婚……もしくは、大正生まれのお母さんから「このだらしのない黒マラが元凶。さっさと切ってしまえ！」と、激しい折檻《せっかん》を受ける可能性があるとか、深刻な事情のある人。特に、厄介者扱いされつつも、いい歳こいて実家に寄生しているすねかじり中年男性は必見である。これから述べる実践的セキュリティを参考にして、せいぜい秘密を守ってくれたまえ。

安心オナニーの心得とセキュリティ

あなたの部屋が引き戸だったり、鍵のないドアならどうしよう？　間違ってもホームセンターでつっかえ棒などを買わないように。怪しすぎて問題が深刻化するぞ。ならどうするかというと、廊下にあらかじめ丸めた新聞紙を5～6個転がし、ネバダ砂漠みたいにしておく。鍵の役目は果たさないが、そのかわり、真っ最中に家族（特に潔癖な女性）が忍び寄って来た場合など、ドアよりもまず、部屋の前に散らかされた新聞紙に反応してしまうだろう。

「アラアラ、もう、こんなに散らかして！」

ターゲットが廊下で声を出してしまえば目論《もくろ》みは成功。部屋まで侵入される前に、ヤバいものを始末できるだろう。

いや、それではまだ甘い……とお考えの人。廊下や階段が板張りならば、警戒ゾーンの暗い場所に砕いた生米をバラ撒いておくのも効果的だ。

ターゲットが踏みつけると「ガリガリッ」という不快な音とともに、運がよければ相手の足裏にまで微弱な痛みを与える。戦国時代の忍者がマキビシを切らしているとき使っていた技なので、少ない投資で効果は証明ずみである。

米を撒いた理由を問われ「ハハハ、さっきその辺でおにぎり食ったからかな。満腹満腹」とか、気の利いたウソが自然と出るようであれば、相手は手も足も出ない……ハズだ。少なくともわたしなら、涙目で健気な言いわけをする息子を、それ以上問い詰めることはしないだろう。

幸運にも、部屋のドアに鍵がついているのなら話は簡単。オナニー時に施錠《せじょう》しておくのは言うまでもないが、鍵だけで安心しきっていないだろうか？

普段は無防備なのに、オナニーの時だけ鉄壁のセキュリティーを敷いているとしたら、それは名探偵コロンボでなくとも怪しいと感じるだろう。

つまりは「珍しく鍵をかけてる＝よからぬ企み？」という公式があてはまり、家族も何かを悟ってしまう。よって普段から鍵をかける習慣をつけ「うちの正夫は勉強中に邪魔されたくないのね……」くらいに思わせておくのがいいだろう。

それでもまれに、オナニーが佳境に入ったあたりで突然、施錠中のドアノブがガチャガチャ回転し「夜食もってきたわよー」と、いらぬ邪魔が入ることがある。

立場上「いらねえよそんなもん」と言えないあなたは、瞬間的に行為を中断せざるを得ないわけだが、そんなとき、慌てず、なおかつ7秒以内でオナニーの痕跡を消し去り、寝ぼけた顔なり、頭の中は化学の公式で一杯でうんざりしていたんだよ、ありがとうといった表情で、さわやかに自分からドアを開けなければならない。

ノックの音がしてから、顔面蒼白でティッシュやエロ本片手に部屋の中をチンコ丸出しのまま右往左往しているようでは、ドアを開けるまでのあいだが長すぎて、家族からすれば不自然極まりない。

幸い、わたしは現場に踏み込まれた経験を持っていないが、チンコを激しくズチャズチャ弄んでいる最中に、忌まわしいドアノブが「ガチャガチャ」と回転したことが何度かある。

その瞬間、血圧が一気に180あたりまで上昇するのを体感、一時的なパニックで落ち着いた動作は不可能。くれぐれも、普段から訓練を怠らないようにしておきたい。

また、エロビデオなりを視聴しつつのオナニーで、音が漏れることを恐れてヘッドフォンを使う人が多いが、これでは肝心な外の足音や微妙な人の気配を感じることができない。

外の音も聴こえるオープンエアー型のヘッドフォンがお勧めだが、安物を使う場合は片側だけを装着し、反対側の耳は警戒用に外しておくのが基本である（集中力は削がれるが、致し方ない）。

ヘッドフォンなんて耳が熱くてしょうがねえ、俺はいま身体の奥から燃えまくってるんだ！……という理由から、スピーカーで音を楽しむ場合、エロビデオの音が廊下に漏れていないか、漏れていたとすれば、どのレベルまでなら外部に悟られないのか。いっそ実際に部屋の外へ出て確かめてみるといいだろう。

外部から、母親や若妻になった気分で自分の部屋へ足を進め、敵の立場で状況をシミュレーションするのである。で、音が漏れてないからといって油断は禁物。センズリの振動が共鳴し、隣室にある仏壇の位牌が不規則に揺れたりと、オナニーの秘密は意外なところから暴かれることが多い。

今ならパソコンに繋いだカメラをセキュリティに応用できそうだが、オナニーしながら始終映像を監視しているわけにもいかないし、餅は餅屋という言葉の通り、そのもの

ママはあなたの油断を狙っている……

ママが来たセンサー

オナニー現場に踏み込まれた!?

ズバリの専用装置があるので紹介しよう。「ママが来たセンサー」【＊2】だ。

「ママが来たセンサー」は古典的な電子工作キットである。私が中学生のときはすでに秋葉原で細々と販売されていた。そして今でも大人気。ロングセラーである。

受信部を自室に、センサー部分を廊下に設置しておくと、その名の通りママが廊下のセンサー前を通過した瞬間、受信部のアラームが「ビビビッ」とママ襲来を知らせてくれるというもの。

値段といいネーミングといい、オナニーのために開発された商品と言っても過言ではないが、開発者の哀しい経験に基づくものだと思いを馳せて十字を切りたい。エイメン。この「ママが来たセンサー」は、身近で一番安く買える防犯センサーである。が、精度は必ずしもよくないし、実は使い勝手も悪い。

電池駆動なので知らずに電池が切れたときは悲劇。なおかつ、キットなので自分で作らないといけない。

ただし、キットであるからこそ、やる気さえあれば太陽電池対応なり家庭用電源式に改造するなどのアレンジも可能だ。半田ごてと電子工作に慣れ親しんでいる愛好家なら、それほど難しくはないだろう。

ドアが開いても慌てるな！

センサーを設置して有頂天オナニー。しかし、ベトナム製の安物マンガン電池はとっくに切れて液漏れしていた……。

ガチャ「正夫、入るわよ！」――うあっ！　もうジタバタしても仕方ない。土下座して「産んでもらってこのていたらく、礼儀知らずで無礼つかまつる」と謝るしかないのか!?

いや、諦めるのはまだ早い。暗い場所から明るい場所はよく見えるが、反対に、明るい場所から暗い場所はよく見えない。室内を極限まで暗くしておけば、危機を脱する可能性は残っている。

第一に、ターゲットが部屋へ突入し、明るい廊下から瞬間的に暗い部屋の中を覗いたとすると、敵の瞳孔《どうこう》が暗さに慣れるまで、ほとんど目が使い物にならない。

ピントが合ったその時、目の前でよだれ垂らしながらオナってるあなたを目撃するのと、暗闇でもぞもぞ、何やら怪しいことをしているのとでは、与える印象もずいぶんと違ってくる。せんずり兵法その一、常に死角へ布陣せよ！

兵法の基本として、何事も常に敵の視点で認識することが重要だ。仮にドアが開いたとして、机の陰でむき出しアポロ13号と両手が精子まみれになっていたとしても、相手の目からのりの利いたワイシャツ姿の上半身しか見えなければ、何くわぬ顔で政治談議を交わすことだって不可能じゃない。

背の高い本棚で相手の視線を遮《さえぎ》るとか、大きな観葉植物を並べておくとか、対処法は無数である。一日あたりのオナニー回数があまりに多いようなら、いっそオナニーに適したレイアウトに模様替えしてしまうのも小市民らしくて好感が持てる。

もちろん、机は部屋の出入り口と対角に置き、必ずドアと向かい合うように座る。こうすればターゲットに侵入されてもパソコンの画面は相手から見えない。モニターにどんな劣悪画像が表示されていても、バレさえしなければ何とでも言い逃れができる。

そう、オナニーの現場を目撃されることよりも、敵にズリネタを知られることの方がよっぽど恥ずかしいのだ。

オナニーは許されても、大っぴらに言えないような趣味のネタを使ってることがバレれば、あなたの名誉やキャリアの致命傷となる。

自分で意識していなかったとしても「アラ、正夫ちゃんって、巨乳で金髪の黒人レディボーイ（301ページ参照）が好きだったの……。この犬畜生！」と、ネタひとつで人間性まで判断されてしまうというわけだ。

最後に、敵が侵入したそのとき、ビデオはリモコン一発、1秒もあれば止められるだろう。エロ本は手近な座布団で隠せば１・５秒。ところがエネマグラだけは厄介である。直腸に深々と刺さっているだけに、２秒で引き抜くのは危険極まりない。早く出そうとすればウンコや腸までいっしょに出てしまう危険がある。死亡遊戯だ。

そんなとき、近くにひざ掛け程度の毛布があれば１・５秒で該当部分を隠すことができる。下半身すっぽんぽんの時などは絶対に用意しておくべきだろう。準備さえ怠らなければ、全工程あわせて３秒で「表向き平静」を装うことができるのである（多少息遣《づか》いが荒くなるのは仕方ない）。

あとはあなたの口先次第。まあ、心配ばかりしていても別の意味でヤバいと思うので、できるだけ余計な心配はせず、終わったあとのティッシュをトイレに流すところから、少しずつ始めていこうではないか。

【黒沢】

【＊１】デフコン：米軍の警戒体制。事態に即応できるよう、情勢によって５から１まで段階的に発令される。デフコン５が平和状態。デフコン３以下では核戦争がいつ始まってもおかしくない状態……だそうです。

【＊２】ママが来たセンサー：付属コードの長さは５メートル。実売価格は３５００円。送信部・受信部あわせて単５電池６本必要。理科工作系のお店やインターネット通販でも入手可能。

4

第4章

エネマグラ
絶賛使用中!

は、は、はいってますエネマグラ

ついにエネマグラ挿入！　毎晩足の角質の手入れをしている神経質な人はエネマグラにコンドームを被せて【＊1】みたり、野獣に変身しつつある大胆なあなたはそのまま。期待と希望に夢膨らむ気持ちを落ち着けながら、さあ、おっ始めよう！

まず、挿入時の姿勢は基本を守って……。ベッドなり布団なり芝生の上に横向きで寝ながら、両足を揃《そろ》えて膝《ひざ》を曲げ、苦しくない程度で胎児のようなポーズを取る。後々、利き腕でエネマグラをコントロールするので、右利きなら右側が上になるように横たわろう。

続いて、肛門とエネマグラがローションで適度に湿っているかどうかを再確認。ローションは直腸内にたっぷり注入してあるだろうか？　注入ずみであることがプレイの大前提なので、まだならケツ毛でも抜いてから出直してもらいたい。

指差し確認が完了したら、エネマグラの根元（スパイラル模様のあたり）を指先でつまみ、後ろ足（ツル状になっている）を尻の割れ目に沿って移動させながら、本体先端部を肛門に当てる。

さあていよいよ、ぶっといエネマグラを直腸内へ送り込むときだ。うっへっへっへっ（冗談です）。初めての人は「肛門が壊れないだろうか……」など、色々不安もあるだろうが心配はご無用。

身体の力を抜きリラックスした状態で、肛門とエネマグラがローションで潤《うるお》ってさえいれば簡単。ゆっくりと入り口を探るように動かし、根元に力を加えていくだけで、頭の部分がスルリと収まってしまう。

このとき、下半身に若干の圧迫感を感じることもあるが、痛みはないはずだ。万が一痛むようであれば肛門の異常が考えられる。痛みを感じた時点で様子を伺《うかが》おう。

直腸内にヘッド部分を挿入できたら、ひざの位置をへそより少し上くらいまで引きあげながら、無理せず、心の中で「行ってらっしゃーい」と見送りの言葉を呟《つぶや》き、右手でエネマグラの根元をしっかり握って行き先をコントロールしつつ、続きを挿入していく。同時に口を半開きにして肩の力を抜き「ハァァァァ」と長めに息を吐くと、肛門が緩《ゆる》むのでお勧めだ。

半分くらい入ると、突如としてエネマグラに抵抗感がなくなり、スルスルッと吸い込まれるかのように根元まで一気に収まってしまう。初回は突然の挿入感と腸の圧迫感に驚きを隠せず、声をあげてしまいそうになるが、これからもっと凄いことが起こるわけなので、どうか冷静に。

さて、無事に収まるものが収まったところで位置確認。後ろ足のツルは尻の割れ目と同一線上にフィットしていますか？　もひとつ、前足の円盤は睾丸の裏側、会陰部をジャストミートしていますか？

会陰部にローションが付着しているようならティッシュで拭《ぬぐ》い、エネの前足が滑《すべ》らないようにしておこう。以上で基本ポーズに至るまでの解説を終了する。

ここまでの基本工程は繰り返すうちに流れ作業化されるので、しっかりと頭へ叩き込んでおこう。

まずはアイドリング（暖気運転）、そして試運転

ここからが魅惑のひみつ道具・エネマグラの本番である。身体の力を抜き、基本ポーズのままエネマグラを意識せず、静かに天井を眺め、時が来るのを待とう。

肛門括約筋《かつやくきん》を弛緩《しかん》させたまま、身体がエネマグラを認識するまで約15分ほど瞑想《めいそう》を続ける。クルマに例えると暖気《だんき》運転みたいなもの。エンジンが暖まるまでしっかり待つことが高回転エンジンを維持する秘訣である。

エネマグラを巡る偉大な求道者たちの苦労と失敗、試行錯誤の歴史に思いをはせながら、たまに時計の針をチェック。

瞑想を終える頃にはエネマグラが人肌に温まり、眠っていた前立腺もゆっくりと目を覚ます。堅く閉ざされていた肛門は緩みはじめ、エネマグラが直腸内に馴染んでく

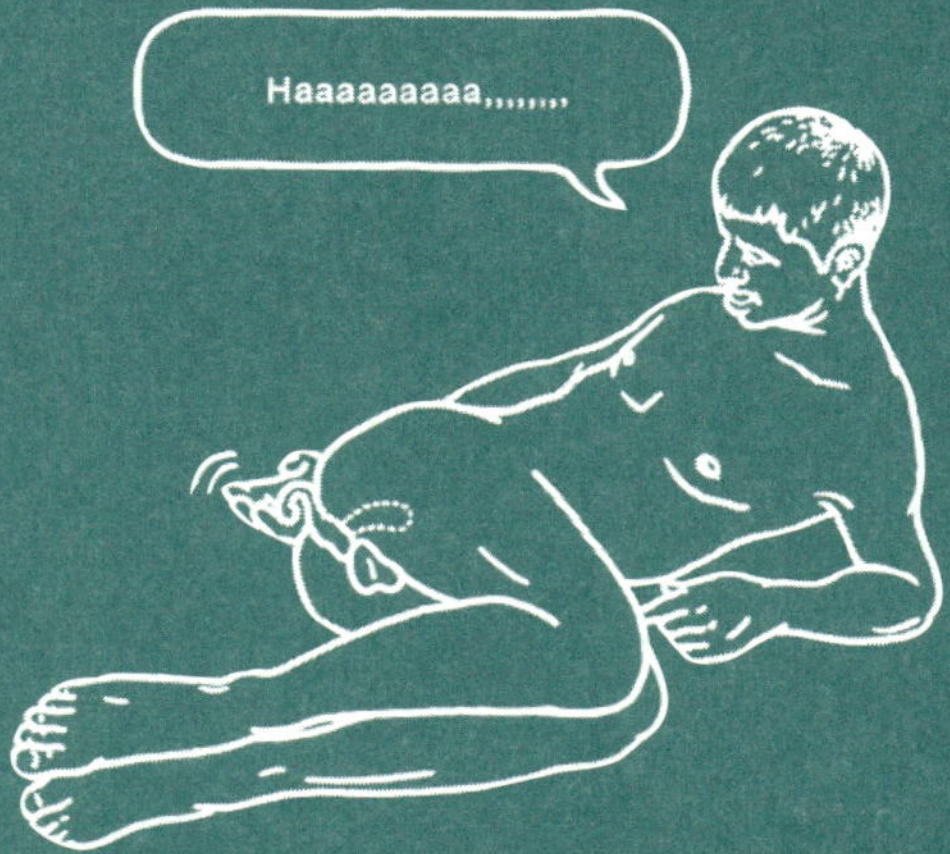

横向き体育座りのような姿勢で、
力を抜きながらエネマグラを挿入している途中の図

口を半開きにしつつ、
「ハァァァァ」と息を吐き出すと、肛門が開く。

る。15分は短いようで長いけど、とても大切なプロセスだ。

瞑想が終わったら、エロビデオを観るなり、エロ本を読むなり、妄想するなり、脳みそをエロスモードに切り替える。手先は乳首を弄《もてあそ》ぶのに使うので、できればハンズフリーといきたい。ビデオもしくは妄想というのが一般的な選択だろう。

わたし的にはビデオで気分をグッと盛りあげ、テープが終わった頃に妄想モードというのがお勧めだ【＊2】。まあ、盛りあげ方については好きにしてもらい、興奮してきたらすかさず肛門を思いっきり、かつゆっくり、キューッと締めてみる。

と、これまで中途半端な挿入感だったエネマグラが根元までしっかりと尻に食い込み、会陰部への圧迫感もマックスに達する。

この状態をしばらく（1分程度）保ってから、緩やかに力を抜きつつ、先ほどの一歩手前まで再び肛門を締める。音に変換すると、キュウー……（1分）……ハーハッハッ、キュッ。こんな感じだ。何度か繰り返そう。

手は遊ばせず、肛門と連動して乳首を攻めろ。何だかむずがゆいような「ジーン・ジジーン」という波が内腿《うちもも》の付け根あたりからこみあげてきたら、なるべくその状態を維持・再現するよう心がけるのが大切。

乳首が未開発の場合、いくら浅黒い宝玉《ほうぎょく》を転がしても快感は期待できない。日常生活の中で、暇さえあれば乳首をいじくる特攻精神が重要だ。たぶん一週間もあれば、

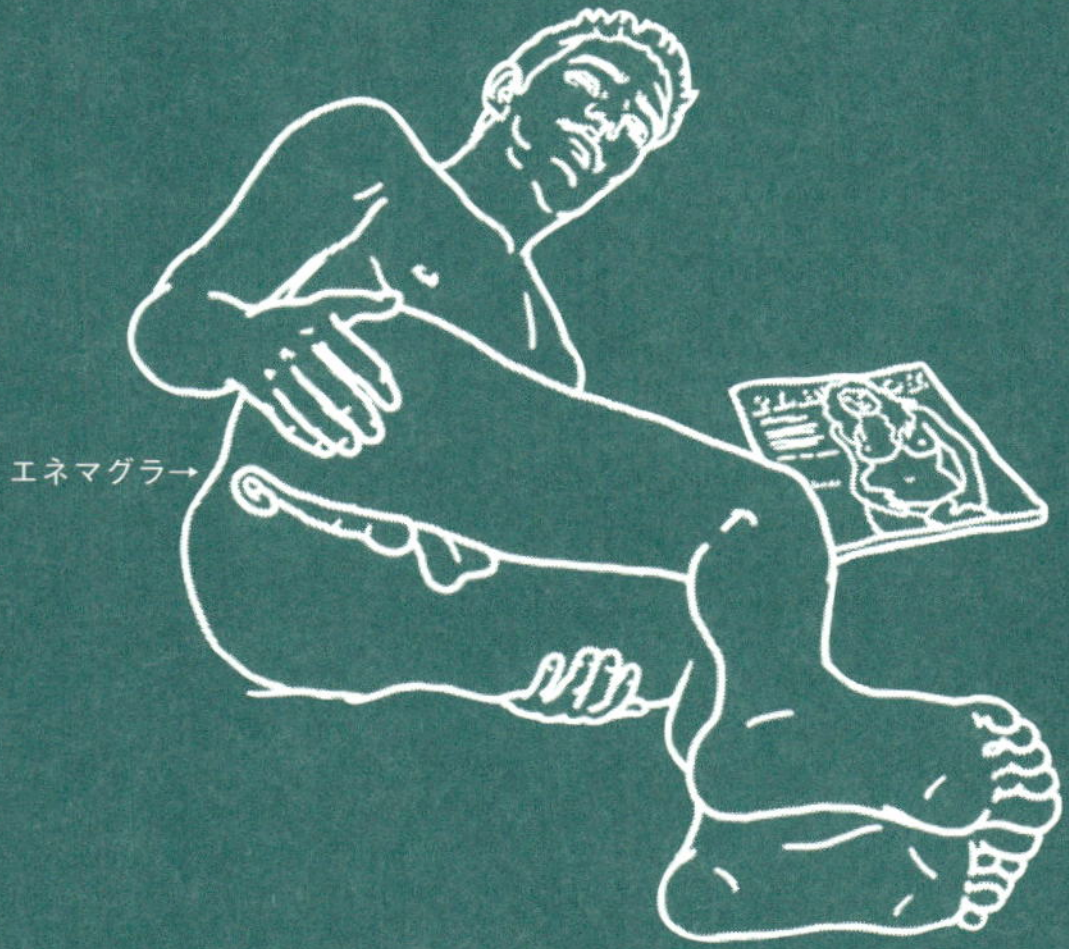

基本ポジションをキープした瞬間

ツルの位置、会陰部指圧部の位置などを
しっかり確認しておくことが大切。

シャツが擦《こす》れただけで顔を赤らめる程度には鍛え直せるだろう（詳細は第2章章末のコラム「乳首オナニー"チナニー"あれこれ」をご参考に）。

直腸内に入れたローションは時間の経過とともに減ってゆく。たまに手でエネマグラを動かし、動きが悪いと判断したら取り出してみる。ローションに含まれている水分は常に腸内で吸収されているので、足りないようならお好みでローションを補充。目安としては40分から50分に一回、追加分を注入するとよい。

繰り返すがローションはケチらないように。エネマグラは腸の排泄する力と肛門の締めつける力をミックスして動くよう設計されている。肛門や直腸にローションが少ないと動きが悪くなり、本来の目的が果たせなくなるからだ。

コツが分かってくると、エネマグラ自身が勝手に動き出すという状態に突入しかねないが、初心者はまず、気持ちのよくなる姿勢を発見し、それを維持するための筋肉運動を独自で身につけなければならない。

時おり、肛門の括約筋を微妙に動かし、様子を見ながら止めたり締めたり緩めたりを繰り返す。括約筋は「締める」「緩める」の2進数ではなく、ゆっくりと、アナログに強弱をコントロール。ちょうど、音を立てずにオナラを出すような感覚だろうか。

かといって、始終肛門をキュルキュル動かすのではなく、わずかずつ、ポイントごとに止めながら30秒から40秒は様子をうかがうこと。何も感じないと思っても、時間

座った状態でのプレイ

時おり、ポーズを変えてみるものようだろう。
ただしエネマグラが刺さっていることを忘れるな。
無理な姿勢で負担をかけないように。
腰を浮かして力を入れてみるのもまたよし。

が経つにつれ、同じ場所が突然感じだすこともある。

肛門括約筋を緩めるときは多少大げさに「ハァァァ」と口から息を吐き、締める場合は「スゥゥ」と鼻から息を吸う。ゆっくり時間をかけた呼吸のリズムは、心を落ち着け集中力を高め、気分を盛りあげてくれる。

体位を変えてみよう

この時点でご自慢の人肉避雷針《ひらいしん》が勃起してなくともご心配なく。ましてやスティックをいじる義務もない。しいて言うなら息子の存在など、きれいサッパリ忘れたほうがいいかもしれない。主砲が白い煙を吐いても、残るのはいつもと変わらない、月並みでささやかな快感だけだ。

ひととおり儀式が経過したら、気分転換にポーズ（体位）を変えてみてはどうだろうか。脳からも刺激を与えるという意味で、恥ずかしいポーズをとるのも悪くない。

初めは**「基本ポーズ」**から**「開脚ポーズ」**へ……。両手の平を床につけ、膝は僅《わず》かに曲げて伸ばさないように心がける。時おり尻を浮かし、腰を動かしてみるとツボに当たることも。

このままでは体重を支えるため肝心の手が使えないが、慣れれば片腕と両足の三本

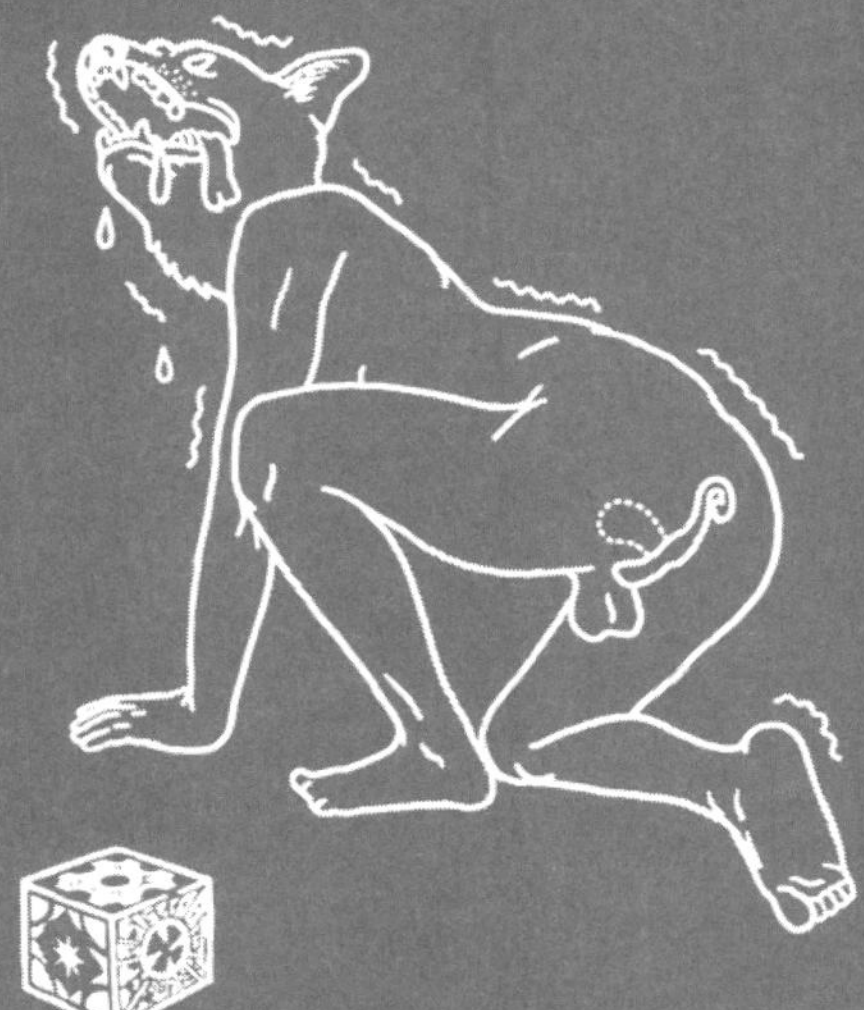

新種の動物に生まれ変わった気分のポーズ。

この状態では膝に力が入っているが、
疲れたら膝をつけば、肛門が緩み、手も自由になる。

で身体を支えながら、若干不安定な姿勢で乳首をいじることもできる。

お次はひっくり返って四つんばいに。**「赤ちゃんがハイハイするようなポーズ」**をとってみよう。

このような姿勢で尻を突き出しながら静かに息を吐くと、肛門から力が抜けて括約筋が弛緩する。また、かなり女性的かつ自虐的なポーズでもあるので、人によっては自分の恥ずかしい姿にインモラルな快感を感じるかもしれない。

ハイハイ体勢のまま、体重を支えていた膝を宙にあげると、犬というか豚というか、四足動物のようなポーズができる。わたしはこれを**「獣のポーズ」**と呼んでいる。

獣のポーズをとると、先ほどまで弛緩していた括約筋がギュッと締まり、エネマグラが奥に入る。ここでひとつ、腰と括約筋をゆっくり動かすと同時に、新種の獣にでもなった気分で淫らな声を出してみてはいかが？

声を発した瞬間、これまで自分が追い求めてきた世間体、学歴、女にモテたいといった希望が無意味に感じられ、しょせんは人間も畜生なんだという哲学的な思いとともに、ついにここまで堕落したか……という自虐感も加わって、精神衛生上非常に危険なポーズともいえるが、自己を解き放つという効果は期待できる。

おしまいに紹介するのは仰向けで横になるポーズ……。死にかけたゴキブリを思わせるので**「瀕死の昆虫ポーズ」**と呼んでいる。昆虫のポーズを取る際は固い床の上で

仰向け……死にかけた快感昆虫（新種）になったイメージで。

仰向けに寝るときは、エネマグラの後ろ足（ツル）が
マット等にひっかかることがあるので注意。
決して無理な圧力を腸に与えないこと。

はなく、マットなど柔らかいものを敷いて、その上で行なうと腰を痛めない。

仰向けに寝るとエネマグラのツルが尻の割れ目にめり込み、その力でエネマグラが前立腺方向へ押しあげられる。今までにない強力な圧力がツボを爆撃するが、強力なだけに、初心者向けではないかもしれない。

このとき、足を伸ばしてしまうと肛門がギュッと締まり、食い込みと連動して負担が大きすぎるので、まずは両膝を曲げた状態から始め、様子を見ながら少しずつ足を伸ばすようにしよう。なお、床やマットにツルが引っかかると【＊3】エネマグラが思わぬ方向に引っ張られ、直腸を傷つける可能性がある。注意したい。

まだまだ、この他にも様々なポーズがある。快感のツボは人それぞれなので、自己流で新しいポーズを開発してみるといいだろう。ただし、現行のポーズで気持ちがよいときはむやみに身体を動かさず、快楽の波を維持することを第一に考えたい。

ポーズを変えながらも、規則性のある呼吸を心がけ、声を出しながら肛門を締めたり緩めたり……【＊4】。

同時にビデオや本で頭を盛りあげるか、それとも無心でエネマグラと前立腺のみを意識するか、どちらがよいとも言いがたい。人によりけりである。

うまいこと開発された前立腺をエネマグラがこすり、様々な条件が合致すると、太ももからヘソの間にかけて、これまでの「ジーンジーン」とは全く異なる「クイーン、ククク、クイーン」という切ない感覚が予告なしで突き抜ける。

アッ……。ここ、これはいったいなんなの!? さ、慌てず動かず、同じ動きを続けて再発を促そう。ほら、またきた、またきた、きたっきたっきたたきたきた!

ビクンビクン、ビクビクビクビクビクビクビク……。

なんにもしてないのに、肛門も締めてないのに、エネマグラが小刻みに動いてる!

う、う、なんだ! どうした俺の下半身!?

痙攣《けいれん》する前立腺、ぞぞっと背中を走る寒気、もぞもぞ動く腸と肛門とエネマグラ。ゆるやかに回転するようでもあり、南米マイマイ族の謝肉祭を思わせる激しさをも感じる。

時おりブルブルっと、真冬に小便を出しきったときのような震えが起こり、このときはなおさら気持ちよい。下半身は気のせいか、ほんのり温かくなっている。

ハッと気づくと、ミサイルの先端から先走り液がダラリと垂れていた。さっきから指一本触れてないのに。というか、勃起すらしていないのに!

これはエネマグラのヘッドと会陰指圧部が、前立腺及びその下にあるカウパー氏線を挟み込むように圧力をかけた結果、搾り出されたものである。

勃起してない……で思い出したが、エネマグラを入れている最中はなぜか不思議と勃起しにくくなる。チンポに触れていたとしても、ちょっとやそっとでは起たない。かつ、強烈にいじくり回していても、普段と比べて射精が抑制されているような気がしてならない。会陰部のツボ押しが効いているのだろうか。

前立腺・肛門・腸。これらが動くごとに、不思議な感覚とビクビク、クイーンクイーンは次第に盛り上がってゆく。

ドライ・オーガズムと臨狂体験

実に多くの愛好家が、このあたりでドライへの壁に直面する。

誰しも使用法を熟読し、研究心と好奇心を持って数回トライすれば「あ、なんか気持ちいいかも」という段階までは容易に到達できるだろう。

だが、これ以降のステージへ登りつめるためには、前立腺・乳首の開発。呼吸法（締めて吸い・吐いて緩める）。周到な前準備（前戯）が滞りなく行われている必要があり、ドライ未体験の場合、これに若干の運とエネマグラとの相性が加わる。

常に頭上をよぎる「ウエット」【＊5】からの誘惑も障害だ。エロメディアで気持ちが盛りあがってることもあり、ついもったいないもったいないとチンコに手が行ってしまう。

意識も前立腺ではなくチンコに行ってしまい、亀頭を軽くなでる程度ならいいよね……と妥協したのも束の間、無意識にシャフトを握ってしまい、そのまま手の動きを早め、射精。うあああ。

そうならないためにも、ある程度気分が盛りあがり、小刻みな痙攣を感じるまでになったら、ビデオや本から注意をそらし、もっと気持ちよくなるための位置調整に専念したほうがいい。ビデオなら画面を見ず、音声だけを意識するという手もある。

では、改めて肛門をギューッと締めてみよう。これ以上締めたらエネマグラが折れるのでは……。と思うくらい締めるのだ。同時に後ろ足のツルを背中方面に優しく引っ張っても、てこの原理で正面への圧力が増し、かなり気持ちよい。

ドライの準備オーケーという段階に至ると、このように強烈すぎるふんばりにもひるむことなく、身体がすべて飲み込んでしまい、もっと、もっと、というプラス思考に火がついてしまう。戸惑いなど、もはや存在しない。

尻を突き出し、目を閉じて、先ほどの収縮運動をリズミカルに繰り返す。エネマグラが動きやすいように、締めていないときは肛門部をリラックスさせるが、締めるときは海老《えび》反るくらいの強烈な一発を与える。

さあ、うまくすればパーティの始まりだ！　文章にするのは難しいので歌にしてみました。聞いてください……。ジャンジャンジャン（ナイロン弦・フォークギター）。

乳首をつまんで、アナルを絞める
奥へ、奥へ、もっと、先へ
足を伸ばして、位置しゅうせいぃぃー（裏声）
奥へ、奥へ、もっと、もっと奥へ
チンコに触れて、擦ったらおわりぃ
射精の誘惑、誰か手錠かしてくれ

耐えて、耐えて、そこんとこ耐えて、
繰り返し、繰り返し、耐えて、耐えて
気がついたら声が出てたよぉぉ（裏声）
ハオ！、ハオ！、ハオ！、ハオ！
中国人じゃないのに
ハオラー、ハオラー！　ラは巻き舌で
狂っているのか。ハンハオ！

ひとたび達すれば、未曾有の快楽に錯乱しかねない。
それが究極のオーガズムである……

最後の「ハンハオ！」はダミ声で怒鳴ると、人類の起源を探っているような気がして『グレートジャーニー』っぽい。傍から見ると壊れているようにしか見えないのが残念。

これまで主役の座に君臨していたチンポは、もはやエキストラ以下の存在で控えめな半勃《だ》ち。なんだかイキそうな、でもちょっと違う感覚がモヤモヤして、金玉の奥のほうが膨らんでいる感覚、そしてサオの先からは透明の液体が次から次へとしたたる。

もう一息だ。口を大きくあけて運動を繰り返すと、乳首をつまんでいた右手にグッと力が入り、左手は床から動かせず、固まってしまったような冷凍状態が続き、前立腺・腸・括約筋が三位一体となって「内臓の怒り」が爆発する！

ウガガガガ。ブルブルブルブルブル……。全身硬直、首筋が震え、下の方から我慢ならないほどの震度で「クイーン、クイーーーーン」。脊髄《せきずい》はムズムズ。尻は締めているのか開いているのか、痺れて全くの無感覚だ。

読んでいて意味がわからないと思うが、なんとも表現しがたい快感。それまでの緩やかな快感が急激にトップギアでエンジン全開、そのきっかけは突然やってくる。人によっては、もうそろそろ家族が帰ってくる時間だということで乳首のローションを拭《ふ》き取ろうとした瞬間に始まったり、とにかく突然だ。

まさしく半錯乱状態。よだれがたまり、涙が出る。気持ちいいのが8割と、少しつらい気分が1割。残り1割は「このままクルクルパーになってしまうのでは……」という危機感。しかし数センチたりとも動けない。動いたら大変なことになりそうだからだ。射精とは異なる、もっと全身規模の快感……。これが女のオーガズムなのか!?

とても長い時間に感じられたイカレ波が収まってきたところで、ふと正気に返って下腹部を見ると、チンコはよだれを垂らしながらも勃起していた。ハァ……。なんだかねえ。ハッ。ハオッ!

なんとなく身体を起こそうとしたそのとき、再びスイッチが入ってしまったらしい! 小康状態だった痙攣がビクビクビク再開され、黒い泉から下水が噴き出すようなイメージが脳を支配し、思わず両腕でシーツを握り締めた。どうも、最初のオーガズムを体感してしまうと、極めてスイッチが入りやすくなるようだ。

自分の意思とは関係なく、直腸の圧迫感に呼応して本能的に肛門が締まってしまう! 肛門が締まれば前立腺が摩擦され、会陰部も指圧される。するとまた気持ちよくなってしまう。股を閉じて硬直すれば、また肛門が締まる……と、エネマグラを入れている限り、この無限回廊から抜け出すことはできない。

意を決して自分の力でエネマグラを抜かないと、絶頂は何度も何度も際限なく続く。入れる前からそういう話は聞いていたが、まったく、想像以上に恐ろしい世界だ。丸一日続けたら廃人になると思うが、体力的に続かないだろう。

例えば敵スパイの前立腺を充分に開発した上で手足を固定、エネマグラでドライに導く。捕虜は果てしなく続く悪魔的オーガズムに喜びながらも、4時間後には廃人寸前となり、白目を剥《む》いてよだれを垂《た》らしながら「頼む！　ぬ、ぬぬ抜いてくれ！　なんでも喋《しゃべ》るから！」と絶叫……という全く新しい訊問法《じんもんほう》をふと思いつく。ジュネーブ条約に抵触するのだろうか。

ガクガク震える手でエネマグラを抜く前に、フィニッシュとしてチンポを握り、けりをつけることにした。あちらもかなり敏感になっているため、気持ち触っただけでもどうにかなってしまいそう。気をつけないと、天井まで届かんくらいの勢いで暴発するだろう。直腸からエネマグラを取り出し、その場で口を開いてしばらくポカーンと放心状態……。何も入れてないはずなのに、肛門はジンジン痺れ。心臓はドクドク。下手するとクイーン・クイーンが素面でやってきそうな気配。これが女性的なオーガズムに付随する「余韻」なのか……。

というわけでずいぶん簡単そうに書いてしまったが、前立腺が「ビクビクビク」と動いてから「クイーン・クイイーン」となるまでのレベルアップには、それなりの経験値が必要である。

初回でドライまで行ってしまう人はごく少数派で、中には一年経ってもダメという人もいる。体験者の経験談を見るに、十回から数十回のプレイで、ある日突然やってきた！　というケースが多いようだが、これまで誰も統計をとっていないのでいちがいに決めつけることはできない。

十回も入れて感動がないと「もしかしてダメなのでは……」「ひょっとして騙《だま》されているのでは……」と、あきらめ心が頭をもたげてくるかもしれない。

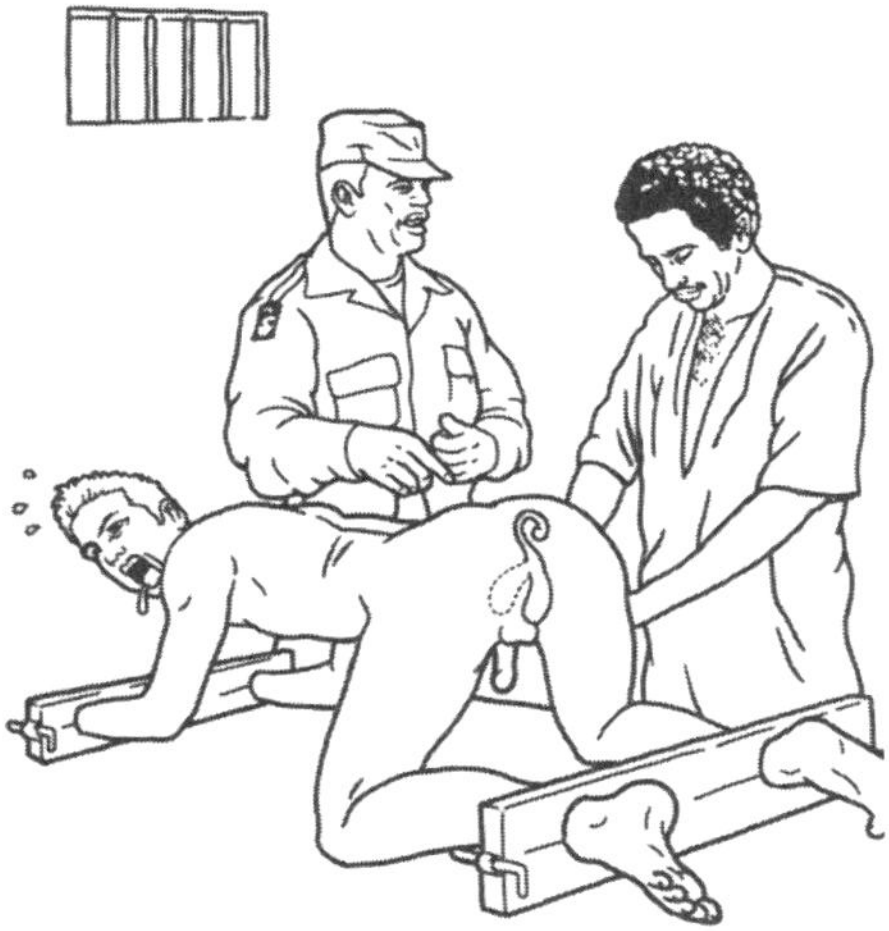

エネマグラを使った新しい拷問の想像図

だが、くれぐれも焦らず、気長に、入れてるだけでも（肛門が）まあまあ気持ちいいじゃないか的な大らかさをもって、ドライへの求道を続けていただきたい。

ひとたびマスターすれば、精子もろくに出ないような爺さんになっても、そこらの若造が想像できないような快楽を死ぬまで味わえるのである。苦労は若いうちにしておけ！

【黒沢】

【＊1】コンドームを被せて：理想はあくまでも生挿入だが、どうしても被せたいならコンドームの内側にも若干量のローションを塗り、ゴムの根元を外れないように輪ゴム等で固定すると動きがよくなるそうだ

【＊2】ビデオや妄想がお勧めだ：想像力を使うエロ小説がよいという説もある……が、ページをめくるのに手間がかかるので、チナニーがおろそかになってしまうかも。

【＊3】マットにツルが引っかかると：座ったとき、ツルに体重をかけることがないように。

色々なポーズを開発するのも楽しいが、本末転倒にならないよう、用心深く行きましょう。

【＊4】声を出しながら肛門を締めたり緩めたり：エネマグラ・コラム05の「伝道師直伝の秘法でドライ・トレーニング」で紹介する「キーサウンド発声法」を実践してみるといいかも。

【＊5】ウェット：ゲロのことではなく、射精してしまうこと。ドライ・オーガスムに対する、男の「普通の」オーガスム。

レベル100で神になれ！

前立腺刺激による、めくるめく男の快感。エネマグラ・プレイをひとたびマスターすれば、ついでに周りの人間も啓蒙して、ひとりでも多くの男たちを幸せにしてやりたい。きっとそう思うだろう。

さりげなく「オナニーのとき乳首、触ってる？」的な当たり障りのないトークをふり、相手の出方をうかがいながら仲間を増やすことになるが、辛く厳しい修行の日々も、同志がいれば心強いことだろう。

だけど、普通の男がまず未経験なドライ・オーガズムの世界。どういう感覚なのか、短い言葉で説明するのは非常に難しい。

下手をすると宗教や自己啓発セミナーの勧誘と間違われ、友達から距離を置かれる可能性もあり、非常に厄介だ。

百歩譲って伝道が成功したとしよう。友達がエネマグラを購入し、仲間の輪が広がったとしよう。そうなると、お互いの体験談義や情報交換にも勢い熱が入る。

仲間と顔を合わせるたびに、公園や図書館、カフェ、レストランなどの開かれた場所で、お互いの快感武勇談を心ゆくまで語り明かしたくなるわけだが……残念ながら無闇に実行すると、結果として周囲の無垢《むく》な一般大衆を戸惑わせることになる。

「どうだい最近、エネマグラ入れてる？」

「昨日はサァ、前立腺が少しピクピクして、カウパーが出っ放しになっちゃって、太ももヌルヌル。チンコから糸引くとこまでいったんだけど、ドライ・オーガズムなんて、まだまだ先って感じだなァ」

「フフフ……。おしいねえ」

「途中で我慢できなくてよ。チンコ握ってフィニッシュさ」

「ケツの穴はリズミカルに締めてんの？」

「イヤァ。肛門はリズミカルにってのは、俺っちの頭にも入ってんだけどさ、実際うまくいかねえよ。アア。俺たちも早いとこ白目むいて、泡ふいてよがりてえよなあ」

「ああ、よがり声でガラス割りてえよなあ」

「ハハハハハ」

これでは、いくらおしゃれなレストランでも雰囲気が台なしだ。家族連れやカップルは眉をひそめ、貴方たちから離れた席へ移動し、気難しい店主なら「この変態野郎、俺の店で真昼間っからケツの話なんかしやがって。出てってくれ！」と追い出されかねない。

　このように、愛好者の悩みは互いの快感体験を語り合うとき、ことがことだけに上品な表現方法が見つからないという点にある。

　また、お互いドライまでどのくらい接近しているのかも把握しづらく、長い修行の

公共の場所では、下品にならないよう暗号やレベルで会話する

日々において、達成感の目安があると会話もスマートになる。

そんなとき便利なのが「レベル」だ。レベルとは快感における各段階を分かりやすく分類したもので、お互いが内容を理解してさえいれば、どの部分まで到達したのか、どんな感じなのかを簡潔・明朗に伝達することができ、新入りの仲間にも的確なアドバイスができるようになる。

さらに、利用者のみでしか通用しない隠語や暗号を多用することによって、周囲の皆様を不快な気分にさせない、紳士的な会話を楽しむことができる。

下品であるはずの話が、レベルと暗号を使うことでどこまで洗練されるのか、先ほどの気色悪い会話例を踏まえ、ひとつ実験してみよう。


「どう、ENEってる？（エネマグラ入れてる？）」

「残念ながら昨日はレベル4で頭打ち。P（ペニス）がウェットになっちゃってさ」

「それなら次は、アイドリング（瞑想時間）をもう少し長めにとってみたらどうだい？　あと、2度目にK（肛門）をクローズするときは、8分目くらいの力でキープしてごらんよ」

「了解、サンキュー！」

スマートである……。暗号とレベルをうまく使うことによって、どんなに気取った場所でもエネマグラと快感を存分に語ることができる。素晴らしいことだ。

これなら万が一、穢《けが》れを知らない子供さんから「パパ、それ何の話？」と訊かれても、

隠語だらけの会話でも、わかる人にはわかる。
それがきっかけで新しい出会いがあれば……

「うん？　お仕事の話だよ。さあ、あっちで遊んでおいで」

と、かわすことも簡単だ。ねちっこい単語や状況説明がないぶん、簡潔に要点のみが伝わり、全然怪しくない。


他にも、出張先でこの手の会話を小耳に挟んだことが契機となり、

「あのう、失礼ですがおたくもエネされてるんですか？　実は私、まだレベル6なんですけど」

「ホホウ、あなたも愛好者でっか！（関西の人）」

と、それまで他人だった愛好者同士が交流するきっかけとなるかもしれない。周りの人民には知られず、秘密裏に……。


さて、わが国のエネマグラにおけるレベル分析の権威と言えば、著名なエネマグラ伝道サイト「好き好きエネマグラ」の管理者・まるる氏（254ページ以下も参照）をおいて他にない。まるる氏は日本国内のエネマグラ愛好者とって、インド独立の父、ガンジーに匹敵する解放者であり、敬意の対象だ。

今回、まるる氏のご好意により、氏の考案した「エネマグラ・快感レベル表」を本書でも紹介できる運びとなった。なお、本書の読者向けに若干手を入れさせていただいたことを最初にお断りしておく。というわけで、各項目ごとの括弧で囲われたコメ

ントは、こちらで書き加えさせていただいた簡単な状況説明、及び解説である。

エネマグラ・快感レベル表

自分がどの程度、エネマグラ・プレイに熟達しているのかわからない。こんなのはどうでしょう？

レベル0：エネマグラは持ってないが。興味があるのでこの本を読んでいる。（商品は充分に吟味してから購入しよう）

レベル1：エネマグラを購入したが、使用に苦痛を伴う。（痛いときは使用をやめて様子をみよう。無理をすると状況が悪くなるだけ。肛門や腸が疲れているのか、病気があるのか、エネマグラにバリがないかも確認してほしい）

レベル2：エネマグラを使っているが、全く何も感じない。（使い方は間違ってないだろうか？　レベル2で長期間膠着《こうちゃく》することはまずないと思うが、そうなると不安感とイライラがつのる。「入れている自分の姿が情けない」など、醒めた思考は排除。「ドライなんてウソじゃないのか」的な邪心も障壁のひとつ。じきによくなってくるので安心して！）

レベル3：なんかボヤーッとした変な感覚を体験。（ちょ、ちょっと気持ちいいかも！お尻のまわりがムズムズ。でもそんなに大したこともない。ふーん、こんなもんか……とやめてしまうのは愚かである。まだ入り口だ。悟るのは早すぎる）

レベル4：キモチイイ。前立腺が時々勝手に「ピクッ」と動くときがある。（思わずエッ？と小さな叫び声をあげてしまう。厚く垂れ込めた雲の割れ目から太陽の光が垣間見える瞬間。ただし前立腺が未開発であると、そのピクっとした感じを快感と捉えることができないが、続けることで変わってゆく）

レベル5：気持ちよし。前立腺が勝手に「ピクピク」と動く。（時おり背中に熱いものがこみあげてくる。快感の短い波にあわせ、肛門が反射的に収縮。亀頭からは透明の液がダラダラと垂れる。根気がない人は勝手に盛り上がってついペニスを握ってしまうが、もうひと息の辛抱だ）

レベル9の高みを目指す求道者

レベル6：すごくキモチイイ。イク直前くらいの快感がずっと持続する感じ。（神殿はもうすぐ。断続的だった快感の波が徐々に長くなり、ビッグウェーブ襲来の予感が！。エネマグラは意思があるかのように動き、気がつかないうち、恥ずかしくてせつない声を出している。しかも裏声で……）

レベル7：ドライ・オーガスムに達する。（ハア、ハアア。四肢の筋肉は固まって硬直、昆虫並みの知能指数に！　ストレスは発散され、血行がよくなり、時に白目をむいてしまうことも……。よだれや汗があふれ、人によっては「五臓六腑がひきずり出されたような快感」という。しかもそれが「これ以上はまずい！　狂ってしまう！」と、自分でエネマグラを抜くまで断続的に繰り返される。心地よい疲れだ！）

レベル8：エネマグラ以外の道具でドライ・オーガスムに達する。（前立腺が開発され、身体でコツを覚えたことにより、アナルバイブなどでも同様のオーガズムを感じるようになる。ここまできたらエネマグラにこだわることもない。なお、ここから先はオナニーというより「修行」の領域に入る）

レベル9：道具を一切使わず、精神集中、瞑想だけでドライ・オーガスムに達する。

（熟練したヨガの指導者をはじめ、鍛錬の賜物《たまもの》で手も何も使わず思考だけで絶頂に達してしまう人がいる。もちろん、超能力でも何でもないので、一般人でもトレーニング次第では実践できる可能性大。そしたらもう、刑務所に入れられようがマスコミから攻撃されようが、感じっぱなしで人生楽しくなるだろう）

レベル42挑戦中

………

レベル98：生命の存在意義を悟る。（不明。気がついたら拘束衣を着せられてました……なんてことがありませんように）

レベル99：宇宙を理解する。

レベル100：自分が神であることを自覚。全男性救済のための伝道活動を行なう。

——「好き好きエネマグラ」エネマグラ初心者FAQより引用

http://www.geocities.jp/maruru-16/

いかがですか。レベルを使うと「レベル4、5からレベル6の間には壁がある」というように、話が簡潔・上品になる。

ネットのエネマグラ系掲示板を見ても、「わたしレベル7行った」「そいつはすごい」とごく普通に活用されているので、知ってて損はない。

ただ、あまりにあちこちで多用されているため、専門家の中にはレベル表現の多用に危機感を表明する者もいる。便利だからいいじゃないか！　と言い切ってしまいたいところだが、レベル否定論にも理由があって、あるとき「これこれこうなんですが、今の自分はレベルいくつでしょうか!?」という「教えて君」からのメッセージが掲示板に並び、本当に有益な情報が埋もれてしまうという時期があった（最近は沈静化）。このとき一部で「テストの成績じゃないんだから、数字にばかりこだわるな！」的な、レベル狂信者をたしなめる声があったのも事実である。

たしかに数字にこだわりすぎるのも弊害があるだろうが、エネマグラ愛好家の中だけでなく、未経験の入門者に効能を説明するときにも、レベルを使うことで段階的な変化が分かりやすく、しかも面白く説明できるという利点がある。

テレビゲームにしろ、精神世界系の瞑想メソッドにせよ、レベル的な発想法はままあるわけで、「普通」とそうでない別世界の間の位置づけとして、極めて有効な説明法だと考えるのである。

【黒沢】

エネマグラ「ちょっといい話」

「もう半年も入れてるんですが、ドライにいけないんです！」
「ほほう、貴方の現在レベルは？」
「恐らくレベル4です。もう、エネマグラは捨てて、素直に右手で一生シコシコしてようかな……なんて考えちゃいます」

まあまあ、そう気を落とさずに。絶望、苛立《いらだ》ち、そして憔躁《しょうそう》感。気持ちは痛いほどわかる。わたしもそんなことの繰り返しだった。だが、諦めるのはまだ早い。

万が一「だまされた！」と感じるなら、消費者センターへ駆け込む前にひとつ、まあ、駆け込んでも相手にしてもらえるかわからないけど……。先人たちが編み出した技を学び、もう少し気長にエネマグラと接してみてはどうだろう。

というわけで、ここでは「覚えておいて損はない、ちょっといい話」を総ざらいしてまとめてみた。他の章と重なる部分もままあるが、ご了承いただきたい。

まずは、基本的なエネマグラ・プレイを振り返ってみよう。ひょっとして、自分でも気づかず間違った使い方をしてないだろうか？　大切なことを忘れてはいないだろうか？　いい話を読む前に、適性テストで肩慣らしといきましょう。

抜き打ちエネマグラ適正テスト（全10問）

Q1：使用前、直腸洗浄はしていますか？

してません。面倒だし直腸きれいだから……0点

しています。少しでも性感がよくなればと……1点

Q2：ローションを直腸内に入れてますか？

いや。エネマグラにたっぷり塗ってますから……0点

もちろん。たんと入れてますよ……1点

Q3：会陰部にローションがついてますか？

もう、ベッタベタですよ！……0点

会陰部は滑らないようキレイに拭ってます……1点

Q4：肛門を締めたとき、エネマグラ前足の圧力はどうですか？

バッチリです！　会陰部が痛いくらいです……0点

当たるかあたらないかくらいです……1点

Q5：瞑想時間はどれくらいですか？

5分もやれば充分でしょ？……0点

20分。多いときはそれ以上……1点

Q6：乳首をつまんでください。どうですか？

不愉快……マイナス1点

くすぐったいかも……0点

ああっ……1点

Q7：ペニスには触れてますか！

当たり前でしょ。オナニーなんだから……0点

触れたとしても、1時間あたり3分以内です……1点

Q8：声は出してますか？

恥ずかしいから出しません……0点

恥ずかしいけど叫んでます……1点

Q9：平均挿入時間は？

30分以内です。見つかるとヤバイので　……0点

何も感じなくても、最低1時間は入れてます　……1点

Q10：タバコは前立腺の感度を悪くするけど貴方は？

タバコは吸いません　……1点

エネマグラ前は、3日ほど禁煙します　……1点

そう簡単にやめられたら苦労しねえよ！　……0点

さて、いかがでしたか？　点数に応じた評価は以下の通り。

3点以下の人　何か感じますか？　感じてたら大したもんです。

4〜7点　気持ちよくないのなら、もう少し基本を復習しましょう。

8〜9点　まず合格です。基本はマスターできているようです。

10点　何も言うことはありません。ハンハオ！

＊6点以下の者は全裸で「獣のポーズ」を3セット！

エネマグラ禅問答

チベット仏教では、日本仏教で形骸化《けいがい》されてしまった僧侶同士のフリー・ディスカッション（問答）が、未だにかなり激しい形で実践されている。

僧侶たちは僧院の中庭で連日6時間もの問答を繰り返し、仏教の様々な教義を互いに学習している。だから何を言いたいのかというと、エネマグラを使う上で湧《わ》いてくる様々な疑問・難問に対し、不肖わたしが僧侶になりかわり、問いかけに答えてゆこうというコーナーである。

「冷え性なんで、長時間すっ裸ってのはつらいです。」

エアコンで気温調節すればいいけど、冬ならコタツに潜ってのエネマグラも風流だ。上半身は薄地のシャツなどを着て、周りの様子をうかがいつつ下半身はすっ裸。客が来てもコタツの中を覗かれない限り、秘密を保つことができる。

何もなければ少々わびしいが、新聞紙をかけると暖かい。上からタオルなり毛布なりでカバーすれば万全だ。保湿効果でローションの乾き対策にもなるだろう。

「自分の部屋でやりたくないんですが。」

部屋でやりたくなければ他所《よそ》でやればいい。例えば風呂場はどうだろうか。全裸でも怪しまれず、長丁場になりそうな場合も「健康のため、いま流行の半身浴っていうのをするから、時間かかるよ」などと、棒読み口調で家族に宣言しておけばよし。ぬるい湯船に半身つかった状態でのエネマグラは、わたしのお勧めでもある。

ところで、自律神経【＊1】はエネルギーを発散する方向に働く「交感神経」【＊2】と、エネルギーを蓄える方向に働く「副交感神経」【＊3】に大別される。一般的に不安・緊張状態では交感神経が、安静・リラックス状態では副交感神経が優位に活動する。

湯船でリラックスすることによって副交感神経の働きが高まり、グルココルチコイド（非常事態ホルモン）の分泌が抑えられ、結果として前向きな気持ちでエネマグラに取り組める……という説もあるが、忘れていただいてもけっこう。まずはのぼせないように。

「未だに前立腺の位置が把握できない。」

まめにオナニーをしている人で、なおかつチンコが平常時のときなど、指を入れても前立腺がどこにあるのかよくわからないことがある。こんなときはお尻に指を入れたままチンポを勃起させ、ペニスをしごいてみるべし。

かなり無理のある体勢なので疲れるだろうが、肛門に指を入れたままペニスをしごくというのは、やったことがないとけっこう新鮮。体内のあらゆる動きがダイレクトに伝わってくる。

次第にハアハア興奮してくるにつれ、前立腺の固くなる有様が指先を通してはっきりと確認できる。射精が近づけば近づくほど硬直するのが特徴だ。

ここまでやっても位置が把握できない。中にはそんな人がいるかもしれないが、あまりマジメに悩まないように。精子を飛ばす男なら、前立腺がないはずないのだから。

「会陰部の圧力が強すぎて痛いんです。」

エネマグラの前足には「会陰部へのマッサージ」という役割がある。だからといって、ギュウギュウ押せば気持ちよいということではなく、適度な指圧効果があればいいのだ。

痛さに気が散ったあげく、勢い余って前足を切り落としてしまう人もいるようだが、その道の達人曰く「後ろ足はともかく、前足は決して切ってはならない」とのこと。なぜなら支えるための前足がないと、肛門を締めた際にヘッドが腸内で回転してしまうからだ（後ろ足のツルは支えの役目をほとんど果たさない）。

ならどうすればいいか？　最も望ましいのは「肛門を締めたとき、会陰を軽く押す程度の僅かな力」を得ることである。

しかしエネマグラには調節できる部分がないし、曲げることもできない……。い、いや、よく考えたら曲げられるかも！　足の根元を熱して、好みの角度に調節すればよいのだ。圧力が弱すぎるならヘッドと前足の角度を狭く。強すぎるなら角度を増やせばいい。

加工にはライターを使うと便利だが、炎の先端で熱すると黒く煤けてしまうことがあるので根元の方で熱しよう。ボタン式のライターなら長時間使用しても指先が熱くならない。

「ていうか、エネマグラにバリがあるんたけど……」

加工の甘いハズレのエネマグラを買ってしまったとき、触って危険を感じたら決してそのまま使わないこと。ケツの中が血だらけになっても病院で恥ずかしい思いをするだけだ。マゾなら楽しいかもしれないが、それはまた別の快感。

身の危険を感じるほどのバリを発見したら、焦らず急がず８００番台の耐水ペーパー【＊4】で気長に磨きあげよう。ついでに全体をまんべんなくツヤ消し処理すると、ローションのくっつきがよくなるのでお勧め。

「後始末がバッチイのでコンドームを使いたいんだけど。」

ご自由にどうぞ。でも、コンドームをかぶせるとローションのノリが若干悪くなって、動きもよくない。後片付けが楽になると言ってもたかが知れている。

ドライ未経験者ならぜひ生で入れてほしいところだ。別に生で入れても妊娠しないし病気も移らない。水洗い後に石鹸で手洗いすれば臭いも消える。雑菌が気になるなら消毒用のエタノール・スプレーを吹きかければよい。

やむなくコンドームを使うときは、コンドームの外側だけでなく、内側にも微量のローションを塗っておくこと。こうしておくと内部の滑りがよくなり、塗ってないときと比較して若干動きがよくなる。でも、わたしは生が一番と断言する。男なら生でいけ！

「乳首の他にもスイッチはありますか？」

性感帯には個人差があるというのが通説だが、耳でバス3台引っ張ってギネスブックに載ってしまう特殊な体の持ち主でもない限り、同じ人間、感じる場所なんてのは似たようなものである。開発で敏感になっているか、放置状態で干からびているかのどちらかだ。

男の性感帯といえば乳首以前にチンポだが、プレイ中みだりに触れてしまうと暴発の危険があるため、避けるのは常識中の常識。
その他、例えば背中の根元（お尻側の先端部）は、ヨガの世界でスワディシュターナというチャクラにあたり、性感を司っている。背骨先端の両側を指先でやさしくマッサージすることによって、チャクラが刺激され性感も鋭敏化！
睾丸も見落とされがちなポイントのひとつだ。蟻の門渡りとも呼ばれる会陰部がツボなのは当然として、会陰から袋ゾーンに入り、ペニス側に2センチほど進んだ部分。このあたりを袋ごしに指圧するのもなかなかよい。

「オシッコを我慢している時の方が、感じると聞きました。」

尿意を堪えていると前立腺が膀胱側から圧迫され、感度が上がるという説がある。ああでも、それ以前に何だか落ち着かないだろうし、最悪シーツを汚してしまうリスクを考えたら見合わない取引だ。小便を我慢し続けると膀胱にもよくない（膀胱炎になる）。

「女になったイメージで……って、オカマになれってこと？」

深く考えすぎだ！　つまり、傍《はた》から見たら「入れてる」のではなく「入ってる」状態なのだから、妄想を切り替え「入っちゃってる人」になりきったほうがリアルかつイージーという意味。

どちらかというとマゾ嗜好の人は、そうでない人と比較してレベルアップのスピードが速いという（何の根拠もない）調査結果も報告されている。どちらにせよ、試すのはタダなので実践あるのみ。

「エネマグラ、全然動かねえよ」

動かないのは無意識に力を入れてるから。前立腺の感度が弱いから。ローションが少ないから……など、色々な要因が複雑に絡み合っている。

粘度の強いローションがお勧めだとさんざん述べてきたが、粘りがありすぎて水分が少ないと逆に動きが悪くなる。また、腸粘膜は水分の吸収がよいので、長時間補充なしで放置しておくのはよくない。

これらを踏まえた上で、ぜひ試してほしいワンポイント・アドバイスをひとつ。

まずはエネマグラを入れた状態で正座の姿勢をとる。3分経ったら一気に四つんばいになり、尻を突き出すようなポーズへ一気に移行。静かにその体勢を保ちつつ、力を抜いて十秒間瞑想する。すると、直腸内でエネマグラが自動的に動いて位置の修正を始める。試してみれば雰囲気だけはわかるだろう。

「2ヶ月も続けてるのに！」

はっきり「すいませんです。74日後から感じますんで」と断言できれば楽なのだが、そうはいかない。相性の悪い人は悪いなりに、開発されるまで根気よく続けるしかないだろう。

断言できるが、コツをあれこれ知ってる人と知識のない人では、スタートラインの位置が明らかに違う。前立腺の感度が悪ければ鍛え直してやればそれでよし。努力プラス知識イコール前進と考えよう。

「感じないので、ヘッドのでかいモデルに買い換えようかと。」

冒険心は美徳だが、ヘッドが大きければ気持ちよいというものでもない。巨大ヘッドのエネマグラは、普段から特大アナルバイブを平気でズボズボ入れているような上級者用。入門者はEXシリーズで肛門を鍛えてから移行するように。

ヘッドの大きさが変わることで、マッサージの感触が変わるのは事実。よって、感じないから買い換える、というよりも、様々なマッサージ効果を楽しむために買い足してゆく……という意図なら、否定はしません。

「1本じゃなくて、2本入れたらドライにいけますか？」

あなたの肛門、相当使い込んでますか？　本数増やしてドライになれたら苦労はない。そんなに入れたきゃ思い切って孫の手でも入れてみたら効くかも……。

前立腺は直腸のへそ側にただひとつ。ここをピンポイントで刺激するから気持ちいいわけなので、2本も入れたらかえって逆効果。直腸にも負担がかかるので、いいことなし。

「うへっ……。あのう、これってドライなんでしょうか？」

それが本当にドライならば、赤の他人に確認をとらなくても自分で理解できるはず。もしかしてこれがそうなのかな。ではなく、これだよこれ！　という感覚。それがドライなのだ。

「ドライ・オーガズム」の瞬間、文字通り精液は出ないわけだが、精子が出たときのようなピクピク感は存在する。この辺を目安に判断してもらいたい。

「なんだか、シモの調子がよくなりました。」

もともとエネマグラは、オーガズムを味わうために開発された大人のおもちゃではなく、前立腺の病気を持つ患者さんが、病院の手を煩《わずら》わすことなくひとりで前立腺マッサージができるよう、考案された医療器具である。

実際、前立腺を病んでマッサージを必要としているのに「うちではやってません」「他の治療法を試しましょう」など、面倒臭いとか単にやりたくないとか、そういった理由で前立腺マッサージが受けられず悩んでいる人が大勢いる。

ドライ・オーガズムはあくまでも予期せぬ副作用という位置づけなので、シモの調子がよくなったのは本来の目的が達成されているという証明。ま、いいことではないか！


「エネマグラを使っていないのに、クイーンとくるんですが！」


ドライに達した後、エネマグラを抜いてるのになぜか快感が持続し、驚きと恐怖（収まらなかったらどうしよう！）の不気味体験をした人は少なくない。

もっと凄い話としては、前立腺の感度がビンビンに高まったあげく、何気ない日常生活の合間、意識せず前立腺が動いたのがきっかけで鋭い快感が身体を突き抜け、電車の中とか会議中に悶えてしまうこともあるらしい……。

ただ、感じっぱなしということはないようなので、ご安心を。ちなみにこれを「フラッシュバック」と呼ぶ。

「もっといい話ないですか？」

上級者のテクニックとして、エネマグラのヘッドに濃度を落としたタイガーバームやハッカ油を塗り、内側から直接前立腺の感度をあげるという荒業がある。試したことないのでわからないが、どんな結果になっても責任は負えません。老婆心から忠告するが、あまり突飛な方向へ行きすぎるのも考えものだ。

「神様、乳首が……。ああ、俺の乳首が！」

乳首を鍛え直してやったのはいいとして、特にホルモン剤を併用すると、8人兄弟のお母さん並みの巨大乳首に変貌してしまうことも……。結果、サウナやプール、スポーツジムなどでその趣味の男たちから声をかけられるようになってしまう。鍛えすぎも考えものなので、ほどほどに！

「エネりながら外出してもいいですか？」

ご勝手に！　ただし自己責任で。車に轢《ひ》かれるなり逮捕されるなりしたとき、「本書のせいで……」等と、訴訟を起こすのだけは勘弁な！

世の中にはエネマグラを入れながら散歩を楽しむ人が少なからずいるようだが、ローション切れには要注意。まさか、散歩の途中で尻にローションを注入するわけにもいかないだろう。ましてや、散歩中にオーガズムを体験してしまったら……。もう戻れない。引き返せない。別の人生があなたを待っている。【黒沢】

【＊1】自律神経：心臓や胃腸、血管、内分泌腺、汗腺など、体の各気管の働きを調節する神経。脳の指令を受けず独立して働くことから「自律」という名がついている。

【＊2】交感神経：交感神経が優位に働いていると気が張った状態となる。緊張の表現として「固唾を呑む」「手に汗握る」などがあるが、これは交感神経が働いて唾液の分泌を抑えたり、汗の分泌を促すことから生まれた言葉。

タイガーバーム

ハッカ油

【＊3】副交感神経：副交感神経が優位に働くと心臓の鼓動が緩やかになり、腸の蠕動《ぜんどう》運動が活発になって食物の消化が促される。つまり、エネマグラにぴったりの状態となる。血行もよくなり、臓器の排泄・分泌機能も高まる。

【＊4】耐水ペーパー：水をつけながら作業をする紙ヤスリのこと。どうして水が必要なのかはよくわからないが、粉状の削りカスが散乱することがないので作業上の使い勝手がよい。主にプラスチック製品の表面処理に使用する。裏面に書かれた番号が目の荒さを表わしていて、数字が大きくなるほど目が細かい。

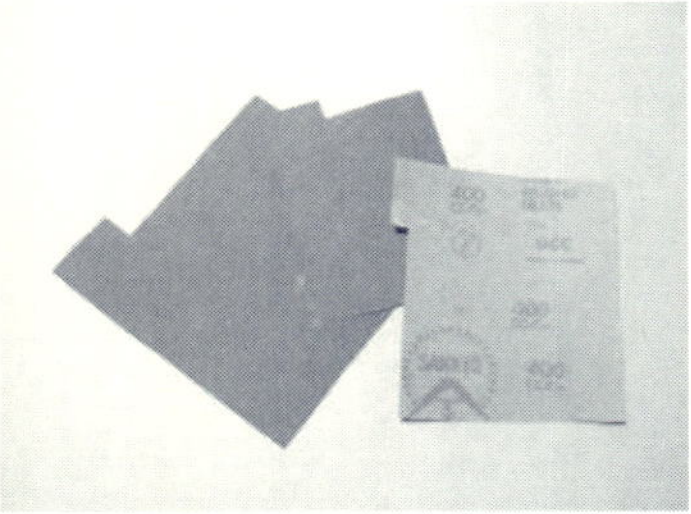

耐水ペーパー

国敗れて山河あり。エネマグラの後始末

エネマグラで快適なひとときを過ごした気だるい午後。ケツから出したエネマグラを部屋の隅に放り投げ、片付けは明日でいいやと寝てしまうのは事故のもと。ベッドの上をよがりのたうち回ったにしろ、そうでないにせよ、散々楽しませてくれた愛すべきエネマグラに感謝の意を表わしつつ、こっそりと後片付けをするのは男のマナーである。

これより先、しばらくは汚い話が続くので、いやな人は読み飛ばすなりなんなりしてもらいたい。が、後始末をなおざりにすると深く後悔することになるかも……。志を高く持つ男の中の男なら、ぜひご一読を。

試しに引っこ抜いた直後のエネマグラを見てみよう。プレイヤーそれぞれの事前の直腸洗浄や食い物の貯蓄具合にもよるが、多少の排泄物が先端に付着しているやもしれない。

仮に糞便の匂いがしなかったとしても、どんなに見かけキレイだったとしても、そのまま口に入れたいとは思わないだろう。

尻の穴から出したが最後、外気と触れることでエネマグラ表面には雑菌が繁殖し、

場合によってはカビで表面が覆われかねない。日本の夏は高温多湿。冬でも暖房や加湿器などのせいでカビの生える条件は整っている。

カビやコケで緑色に変色した迷彩エネマグラを、平気な顔でケツに入れるには相当の勇気がいるだろう（死ぬかも）。高価なエネマグラを使い捨てにせず末永く愛用するためにも、後始末をきっちり行ない、清潔なエネマグラ・ライフを送っていただきたいものである。

まずは、ケツから抜いたばかりのエネマグラ表面に付着したイヤなものを、手元のティッシュで全て拭い去っていただきたい。怖かったら瞼《まぶた》を閉じて手探りでやってもかまわない。

ごくまれに「茶色ではなく、白っぽい塊が付着しているんですが、これってもしや精子!?」と慌てふためく人もいるようだが、エネマグラを正しく使っている限り、腸壁が破れて精子がケツから出てくる……なんて怪奇現象はまずありえないのでご安心を。白い塊の正体は古くなって剥《は》がれ落ちた腸壁の残骸である。特別ヤバいことでもないので心配なく。

どちらにせよ、ティッシュだけで本質的な汚れまで拭い取るのは不可能だが、まとわりついたローションの残滓《ざんし》や排泄物などは、だいたいきれいに落とすことができる。使ったティッシュはトイレに流してしまえば、証拠隠滅にもなり一石二鳥だ。

ただし、この段階でエネマグラに頬ずりするのはまだ早い。匂いも残っているだろうし、細かい部分には目に見えない雑菌が無数に蠢《うごめ》いている。わざわざ顕微鏡を覗かなくとも、小学校さえ出ていればわかることだ……。こんな状態で放置すれば、汚れを養分にカビや雑菌が繁殖するのは想像に難くない。

ティッシュで拭いた後は面倒でも、風呂場に立てこもるなどしてエネマグラに温水をかけ、石鹸（薬用石鹸がお勧め）をつけてよく洗い、仕上げにきれいな水ですすぐ。もしくは、洗面器に汲んだ熱湯の中に数分浸けておいてもいいだろう。

以上の工程をこなせば、頬ずりしても問題ないレベルまでキレイになっている。仕上げとして乾いた布で水気を拭きとり、念のため薬局で買ったエタノール・スプレーを噴射。こうすると消毒もできるし、乾燥も速い。

カビ予防として、薄めたお酢（アミノ酸等で味付けがされてないもの）を吹き付けておくのも効果的だ。もひとつ裏技として「酵素入りポリデント（入れ歯用）」も有効である。除菌、洗浄を一発ですませ、細かい部分の汚れも落ちる優れた洗浄剤だ。値段も安くて言うことなし。でも、プライドの高い人にはお勧めできない。

基本洗浄が終わったエネマグラは、涼しくて風通しのよい場所に置いておこう。カビは温度と湿度の条件が揃《そろ》わない限り生えてこないので、もしもエネマグラ表面にカビを発見したら、現在の保管場所が劣悪な環境にあるということだ。

足が金属でできているタイプのエネマグラは水洗いしたあと、付け根部分の水切り不足が原因でカビが生えやすい。また、金属の足自体が劣化して錆《さ》びることもあるので、洗車につかうセーム革で表面の水分をしっかり取っておくとよいだろう。

市場に数多く流通している非正規品には、整形時のバリが処理されないまま出荷されているものもあり、こうしたバリの根元などもカビの温床となる。購入時にバリを発見したら、たとえ挿入に支障がなさそうでも、予防策として耐水ペーパーで平らにしておこう。

万が一カビが生えてしまうと、そのへんの洗剤などでは全く歯が立たない。カビキラーなどのカビ用洗剤を使うのも手だが、人体に害がありそうなので耐水ペーパーでカビごと削り取ってしまおう。

ただ、これも一度二度ならオーケーだが、あまり頻繁にやるとエネマグラがどんどん磨り減って、最後にはただの細長い棒になってしまいかねない。高価な棒を役立たずにしないためにも、手間を惜しまず、きっちりメンテナンスを行なおう。

お尻と腸と隠し場所

緊急事態！　エネマグラ中、不幸にして肛門から出血！　ま、水でチャチャっと洗えば見かけキレイになるが、実のところ傷口は細菌だらけ。もしもお尻が化膿してしまったら……楽しめるものも楽しめなくなってしまうだろう。

大正製薬の「プリザ・クリーンエース」は出血時の肛門除菌・洗浄にぴったり。クリーム状なので傷ついたお尻にもやさしい。肛門はウンコを出す以外にも69通り以上の未知なる使い道がある。大切に末永くつきあってゆきたいものだ。

続いて腸のケアについて。エネマグラ前、ついつい浣腸や腸洗浄をやりすぎると、腸内の善玉菌が減っておなかがゴロゴロしたり、オナラが止まらなくなる。

これでは日常生活にも支障があるし、エネマグラ中にガスがたまれば異物感倍増でドライどころではなくなる。余談だが、エネマグラ中にオナラをしたくなったときは、後ろ足のツルをつまんでエネマグラを平行移動させてやると抜けやすい。

エネマグラを抜いた後は、ビオフェルミンやヨーグルト、ヤクルト、オリゴ糖【＊1】などを意図的に摂取して、腸を正常な状態に保とう。

と……簡単ですが身体のケアはこれにて終わり。あとはエネマグラをどこに隠すかである。できればローションや浣腸器などもいっしょに隠しておきたい。

オナニー・アイテムの所持を他人に知られても平気な人、ひとり暮らしの人は半笑いでテレビの上などに置いておけばいいが、見つかったら家族裁判にかけられる恐れのある人、親にこれ以上余計な心配をさせたくない人には深刻な問題である。

貸し金庫やコインロッカーもいいが、いかんせん金がかかる。隠し場所の良し悪しについては方々のE（エネマグラ）コミュニティでも活発に議論されているが「部屋にあって不自然ではなく、なおかつ第三者が確認しようと思わない場所」がベストだ。

対象がパソコンに興味のない機械音痴の妻ならば、デスクトップ・パソコンのケースなどは空間も十分にあり、候補となりうる。出し入れする度にネジを回してケースを開いて……と手順は面倒だが、その分、セキュリティは高い。

もう少し手軽なところでパソコン・ソフトの外箱もお勧めである。中世の男は分厚い本の中身をくり抜いて宝物を隠していたと言われるが、ペーパーレス時代に突入したいま、着目すべきはパソコン・ソフトであろう。無意味に巨大なパッケージも、モノを隠すのには大変重宝する。ダメ押しで、わけのわからないソフト【＊2】なら完璧。CADとかC言語とか……。

コピーばかりでオリジナルのパッケージがないという犯罪者は、ネット・オークションでバージョン落ちのパッケージ・ソフトを二束三文で買えばよい。ものによっては送料負担のみのタダ同然である。どうせ隠し場所にしか使わないいんだから、いくら古いソフトでも関係ない。重要なのはパッケージの大きさだけだ。最後に。「僕は片付けが面倒だから入れたまま寝てます、洗うのは気が向いたときかな。寝てる間に肛門拡張もできて便利ですよ」という豪傑に一言。

翌朝、腸内のローションは完全に吸収されきって、エネマグラが直腸壁へ張りついた状態になっているはず。

こんなとき、力任せに引き抜くと貼りついた腸まで出てきちゃったりと恐ろしいことになりそうなので、抜くときはゆっくりと、ウンコをするときのごとく、少し力みながら出すように。

長時間エネマグラを入れつづけることで、睡眠学習よろしく寝ている間に性感まで開発されていれば御の字だが、そんな効果は実証されていないし、あなたが論文でも書かないかぎり、今後も実証されることはないだろう。

もちろん肛門は確実に拡張されるだろうが【＊3】、エネマグラとはあまり関係がないし、年寄りになってから失禁の連続でホームヘルパーから文字通り「糞爺《クソジジイ》！」と罵《ののし》られたくなければ、やめておいた方が無難である。【黒沢】

【＊1】オリゴ糖：腸内環境の改善を行なう。もともとはブドウ糖や果糖などの単糖が数個結合したもので、整腸作用のほか、肥満や老化防止、動脈硬化の予防などにも効果が。写真の「ラフィノース100」は、北海道特産のビートから抽出・精製された純度100％の天然オリゴ糖。

【＊2】わけのわからないソフト：写真はマイクロソフト社の「Visual C++.net」。厚みも大きさもエネマグラの隠し場所にちょうどいい。買ったのが縁でプログラマーになれるかも！

【＊3】肛門は確実に拡張されるだろうが：肛門括約筋の締まり具合を数値で知りたければ、肛門科で肛門内圧検査をしてもらおう。必要以上に緩くなったと感じたら、バイオフィードバック（肛門をしめる筋力トレーニング）をすると、復活するそうです。

酵素入りポリデント

天然オリゴ糖「ラフィノース100」

パソコン・ソフトの外箱、
隠し場所としては最適.！

エネマグラ・コラム03
ケツ以外から狙う前立腺

お茶の間の隅で、使われることもなく埃《ほこり》をかぶって放置されるハンディ・アンマ器。あなたの家にもひとつはあるに違いない。

でもって、たいていの男なら幼少時、家にひとりきりで暇を持て余した際、なんとなくアンマ器のスイッチを入れ、ズィーと振動しているそれを、なんとなーく股間に当ててみたことがあるでしょう。あるだろう!? 安心してほしい。わたしも仲間のひとりだ。

幼少時だけに、始めは未知のバイブレーションにくすぐったかったり痛かったり怖かったりと散々だが、慣れてくるに従い、パンツやズボンの上からしぼみチンコ状態のまま、かなり強く、長い間押しつけることができるようになった。

そのうち、暗黒宇宙の中に一筋の流星を見たような、とても不思議な感覚とともに、ジェットコースターで思いっきり下ったときみたいなもぞもぞ感が、ニキビ少年の下半身全体を熱く包み込む。

そのまま、じっと目を閉じて集中していると、快感は制御しきれないほど大きくなってゆき「どうにかなっちゃうんじゃ……」という恐怖に耐え切れず、下半身をブルブル震えさせながらアンマ器の電源を落としてしまうこともあれば、不覚にもパンツの中に射精してしまうこともあった……。

ところが不思議なことに、射精直前までわたしのミスター長介はちっとも大きくなっておらず、しぼんだままだった。つまり、ほとんど勃起しない状態で射精していたのだ。以上、小学生から中学生にかけての爛《ただ》れた思い出でした。その後間もなく、学校中に張り巡らせた情報網から由緒あるせんずりの秘法を授かったわたしは、パンツを濡らすリスクばかりを避け、長介どんを上下に動かすことにのみとりつかれ、あのときの感動を忘れていた。

でも、今になって思い返すと怪奇な話である。勃起もしないのになぜ射精したのか（しかも、それが精通だった）。第一、アンマ器のヘッドは決してチンポそのものを狙ってはいなかった。

チンポを直接振動させれば気持ちいいのだろうが、当時のわたしはアンマ器の発するあまりのパワフル振動に恐れをなし、少しズレた場所を誤爆していたのである。

アンマ器のヘッドとの干渉を避けるため、オナニーをする際はチンコがフニャってることが条件かつ、ターゲットはチンポの付け根から少々上に広がる原野だった。ここらにアンマ器のヘッドをあてると、強烈な振動のほとんどを真空地帯の原野が吸収し、ほどよい余震だけがチンポに伝わる。

当時はオナニーの知識も今ほどではないので、必ずしもチンポにこだわってはいなかった。気持ちいいのに勃起してないという異常事態にも「振動がすごすぎてチンコがびっくりしてるのかな」程度で、岩のように動じなかった。それがあの、不思議な感覚に繋《つな》がったのかもしれない。

アンマ器の狂った振動はチンポへ行かず、震源の地下に位置する前立腺に吸い込まれ、結果、知らずに前立腺を刺激していたのだろうか。それとも、あのあたりに何か特別な性感帯があるのだろうか。なんとなく調べているうち、チャクラという存在を知った。

ヨガの世界で言うところのチャクラとは、サンスクリット語で「輪」を意味する。チャクラは「中枢神経に影響するエネルギーポイント」「心の目」「人間のエネルギーを吸収し、伝達するための通気口」「潜在意識への出入口」「体内のエネルギーが渦巻く場所」など……。諸説色々だが、そのうち、重要な働きをしているものを主要チャクラと呼び、人間の身体には7つ存在している。

第7チャクラ　サハスラーラ　頭頂の少し下
第6チャクラ　アージュナー　眉間の上

第5チャクラ　ヴィシュダ　喉
第4チャクラ　アナーハタ　心臓
第3チャクラ　マニプーラ　へその少し上
第2チャクラ　スワディシュターナ　恥骨の上
第1チャクラ　ムーラダーラ　会陰

これを見ると、初めの項で少し触れた「会陰オナニー」は、そのものズバリの第1チャクラ「ムーラダーラ」を刺激していることになり、ヨガの見地では何かしらの根拠があることがわかる。

そして、わたしが無意識にアンマ器で震わせていた部分もまた、背骨が終わったところ、仙骨あたりにある第2チャクラ「スワディシュターナ」から延びる体表のツボから、かなり近い位置にあることがわかった。

チベットにはチャクラ周辺部を刀で突き刺し、流れ出る血流で感じるという手法があるそうだが、まあ、そこまでしなくてもアンマ器で充分気持ちいい。

自宅にアンマ器がないという貧乏な人は、チンポの根元から2ミリほど上のポイントを、親指を除いた4本の指先で若干力強く押し付け、小さな円を描くよう細かく振動させてみてほしい。

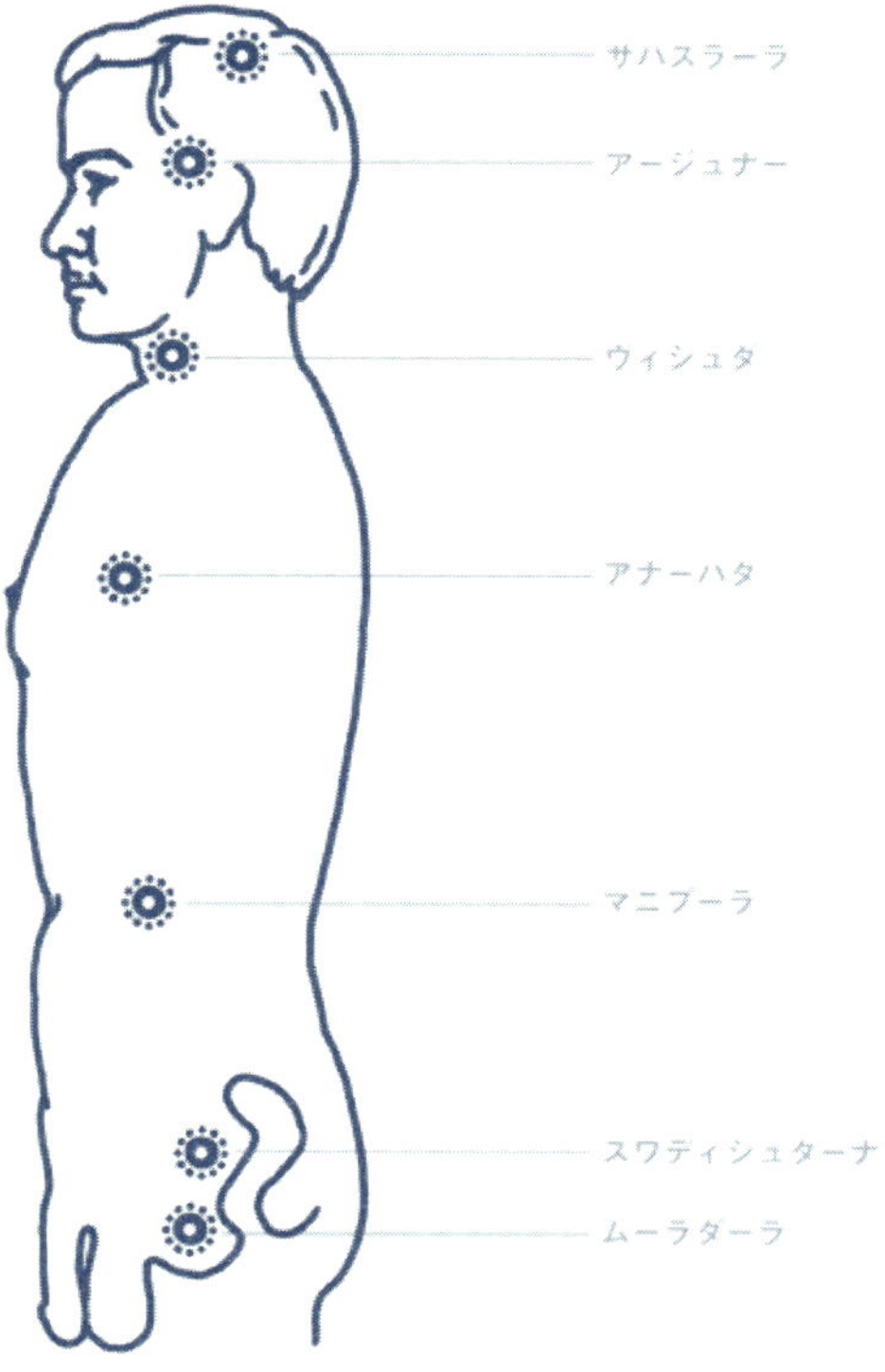
サハスラーラ
アージュナー
ウィシュタ
アナーハタ
マニプーラ
スワディシュターナ
ムーラダーラ

男性のチャクラの位置

感覚的に前立腺があると思われる部分を必死に（けっこう疲れる）こねていると、5分もすれば右手が疲れて麻痺してくると思うが、直接刺激していないチンポの辺りを中心に、なんともいえない柔らかな快感に包まれると思う。

このままスピードアップして20分も続けると大変なことになるが、人間の指では限界があると思うので、マシンを買ってぜひ「大変なこと」を体験してみよう。

アンマ器を使う場合、イキそうになったらヘッドをポイントから遠ざけ、我慢できそうなレベルまで復帰したらくっつける。こういう使い方も可能なので、初心者はヘッドの小さい機種を選ぶとよいだろう。事前に陰毛を除去しておくか、少しローションを垂らしておくと完璧だ。

ヘッドの端がチンポに5ミリほど触れている状態を維持しながら、アンマ器のスイッチを入れる……。慣れてない人はヘッドを少し浮かした状態から始めるなり「パワー弱」で接地点を確かめよう。

続いて、チンポが勃《た》たないよう注意しながら、振動するヘッドを少しずつ男根の根元へ押し込んでゆくように圧力を高める。なぜ勃起させないかというと、アンマ器のヘッドと干渉するし、勃起させせなくとも充分気持ちいい。射精は無駄な消費でしかないからだ。

若き日のショーケンのごとく「たまらん、たまらん、たまらんぜえ」と、たまらん節

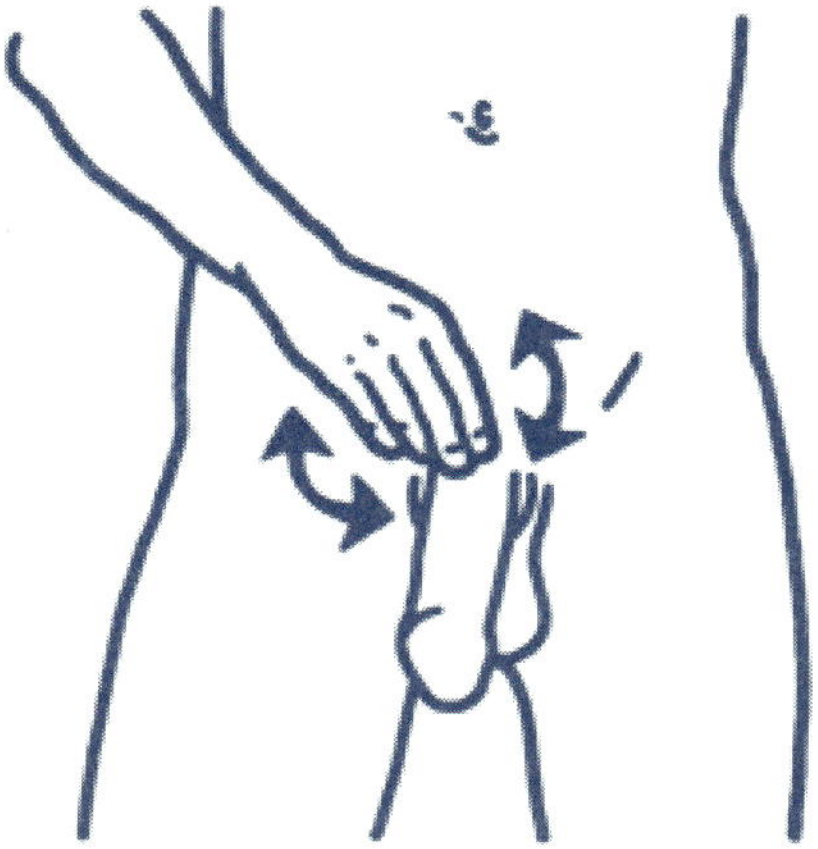

四本の指先で根元を押し回す.

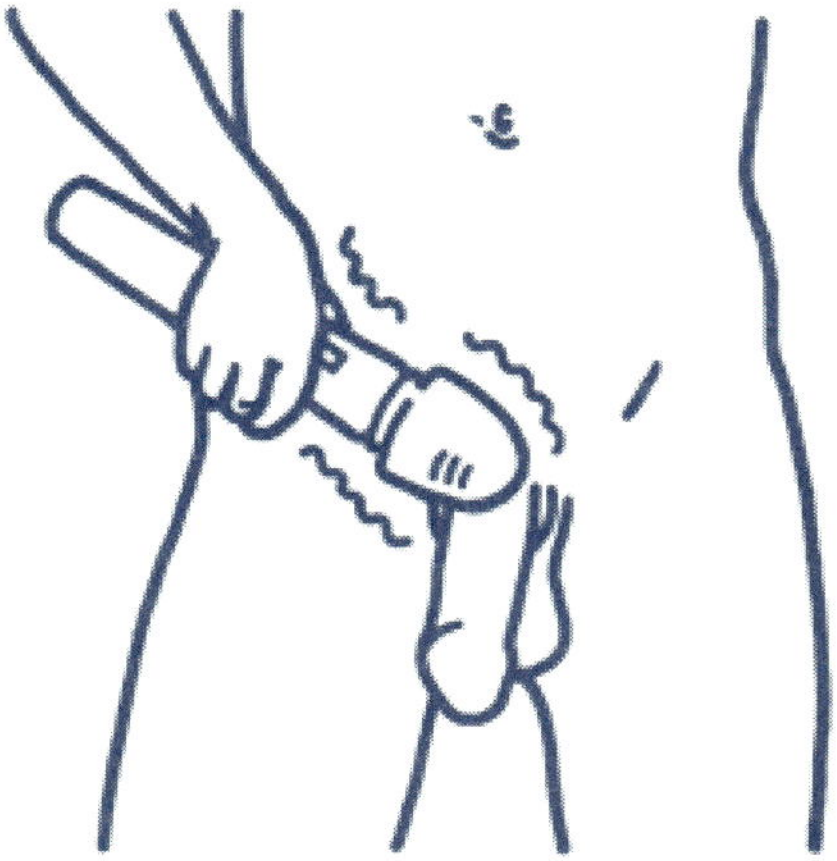

ヘッドはチンポの付け根に

を口ずさみながら振動を続けていると、射精しそうな感覚に陥ることもあるが、その場合はヘッドを少し浮かせ、とにかく射精しないよう心がけながら続けてると、「続ける、続ける、続けろ、筒ゲロー」というように、だんだん頭がおかしくなってくるので注意。本当に気持ちいいですよ。

で、ラストは射精してしまってもかまわないのだが、出してびっくり。へその下からひざ上くらいまでの一帯がシビレて、しばらく身動きとれないほどの脱力感。腕の上下運動もなく、実質ほとんど動いてないのに疲れと痺れでのぼせたような気分。出てくる水の量も意外と少なく、ノーマルなオナニーばかりしていた人ならさぞかし新鮮だと思う。

ただし、アンマ器のモーター音には気をつけたい。特に昭和の時代に売られていたマシンの中には、玄関先から地響きが聞こえるような代物も少なくない。

最近は100円ショップでも売っているハンディアンマ器。快感へのチケットと考えれば、決して高価な投資ではない。お試しあれ。【黒沢】

（追記）

この際、ついでに機材も新調してみようという勇者のために、最近のハンディアンマ器で使えそうなものをセレクトしてみた。

スライブ・ハンディバイブ（MD011）……標準単価5500円

疲れた時やスポーツ後に筋肉を軽くほぐすのに適しているそうだ。ヘッドも小さく初心者向け。強弱2段切り替え装備。

マッサーボス（MD02）……標準単価4080円

ベーシックタイプ。重さ2キロのヘビーウェイト。ヘッドの巨大さといい重さといい、上級者向けである。強弱2段切り替え装備。

松下電工ハンディマッサージ（EV249）……標準価格10500円

サスリローラーと温熱付マッサージを採用。温熱振動と強弱2段切り替え。重さ570グラム。高級志向のあなたに。

松下電工バイブレーター（EV256）……標準価格4400円

大型ヘッドでパワフル振動。角度のついたグリップがおしゃれ。ヘッドはポイント面・フラット面・サイド面が使い分けられる。

フィンガービブラート……実売価格1980円

コンパクトなのに毎分13000回の強力振動。5種類のアタッチメントで部位に合わせて使い分けができるのもうれしい。値段も安い。

ノバフォンSK-2……実売価格63000円

ドイツ製。1986年パリ衛生治療部門オスカー受賞。高価な製品だが、可聴音波が1分間になんと最高60万回の振動を実現！　てことは秒間1万回だぜ！　マニアのための最終兵器であるが、ペースメーカー使用者は不可。ちなみに医療器具です。言うまでもなく、チンコにあてるのは少々リスキーかも。

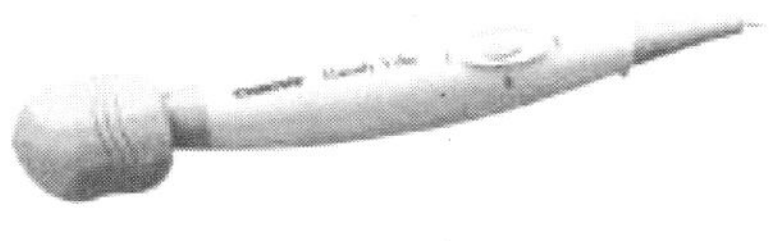

MD011

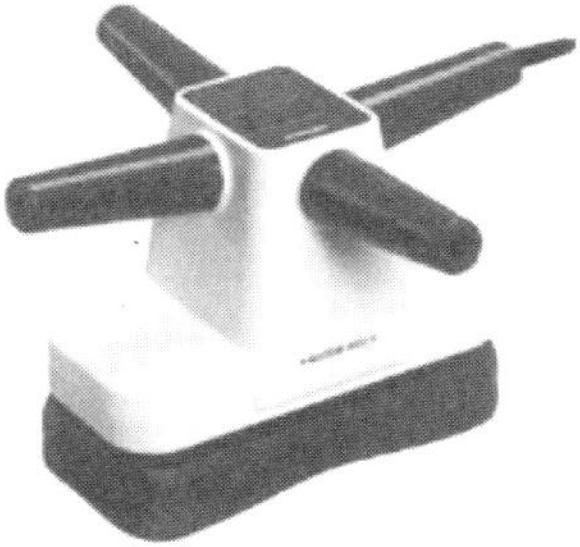

MD02

EV249

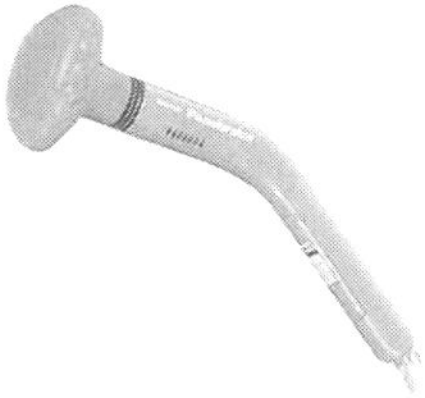

EV256

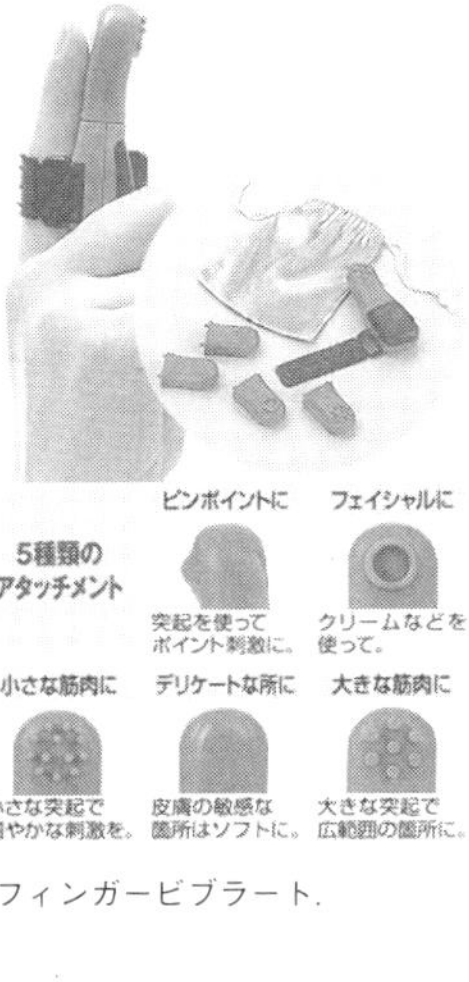
ピンポイントに
フェイシャルに
5種類のアタッチメント
突起を使ってポイント刺激に。
クリームなどを使って。
小さな筋肉に
デリケートな所に
大きな筋肉に
小さな突起で細やかな刺激を。
皮膚の敏感な箇所はソフトに。
大きな突起で広範囲の箇所に。

フィンガービブラート.

ドイツ製

ノバフォンSK-2

5

第５章

エネマグラ㊙
アップグレード術

前立腺を叩き起こせ！　前立腺初期化に挑戦

エネマグラを手に、前立腺ワールドの入国審査を終えたばかりの超初心者な貴方。マニュアル通りエネマグラを直腸に収めたのはいいが、瞑想に耽《ふけ》りつつも何も変化がない貴方。

前立腺がピクピクし、水路が前立腺液で満たされつつも、気持ちよさがサッパリ分からないまま停滞気味の貴方。これから鈍感な前立腺の感度をあげ、敏感にするための秘法を紹介しよう。

秘法とは何を隠そう、亀頭からカテーテルをぶち込み、尿道から前立腺のデータを初期化するという、ハードディスクも真っ青の荒行《あらぎょう》である。腸壁ごしの刺激ではなく、薄皮一枚の至近距離からリセットボタンを押してみれば、文明開化の花が咲く。

初期化によって前立腺は刺激に対して敏感化し、まるで生まれ変わったかのような感度を持ち始める……らしい。

万が一、初期化の効果が実感できずとも、前立腺の存在だけは確実に意識できると思う。ただし、場所が場所だけに尿道炎や膀胱炎の危険も伴うので、それなりの覚悟と準備をもって臨んでほしい。

もちろん、前立腺初期化のリスクは読者それぞれが負うことになる。愛用の布団が血尿でビショビショになろうとも、組織は一切関知しないからそのつもりで。では、成功を祈る。

用意するもの

男性用導尿カテーテル【＊1】（外径4ｍｍ～8ｍｍ程度の物）
消毒用エタノール【＊2】（スプレータイプが便利）
クリップ（洗濯バサミでも可）
合成抗菌製剤（ナリジクス酸錠、タケシマイロン錠【＊3】など）
ローション（できれば未開封の新品）

尿道というのは貴方が思っている以上に清潔でデリケートな場所である。初期化においての注意点は、カテーテルが触れる各部分に炎症を起こさせないよう、あらかじめ雑菌が入らないように殺菌・消毒を徹底すること。尿道内を傷つけないようにすること。この2点である。

導尿カテーテルの入手方法だが、近くに病院があったら深夜にガラスを割って忍び込み……というのは最後の手段で、普通の人はインターネットの通販で購入するように。

カテーテルの種類は豊富だ。でも今回はオシッコを出すのが目的ではないので、膀胱内で膨らませるバルーンタイプは無意味である。ゴム管状のもので、長さ30センチ前後、太さ4ミリから8ミリのものが適当だろう。

カテーテルの好みも人それぞれ。マニア曰く、細すぎてもだめ、太すぎてもだめというが、尿道オナニーではないので痛みがなく尿道に入る細いものがよいだろう。使い捨てカテーテルは滅菌の手順が楽でお勧めだが、巷で有名なテルモの「ポケットカテ」は材質が硬く、不慣れなプレイヤーにはお勧めできない。初心者はゴム製が一番だ。

カテーテルを入手したら、近くの薬局で消毒用エタノール・スプレーと、尿道炎になったときの対策用に合成抗菌製剤を購入しておくように。ついでに、医療用のゴム手袋があればなおよい。

なんで先に尿道炎の薬を用意しておくかというと、ひどい尿道炎状態ではチンコの痛みで歩くことさえもままならないからだ。備えあれば憂いなしだね!

必要な物は揃《そろ》っただろうか？　では実際にカテーテルを入れるまでの準備に移ろう。

まず、風呂に入るなりシャワーを浴びるなどして、全身を清潔にする。特に股間周辺を念入りに洗っておくように。

ここからの作業は全裸で行なうので、寒かったり暑かったりする場合は室内の温度を調節しておこう。全裸というのは何も貴方を辱《はずかし》めようというのではなく、服についた雑菌を避けるため、全裸で行なったほうがよいのである。

次に部屋のテーブル（尿道用具を置く場所）や椅子などの埃《ほこり》を拭《ふ》き取り、念入りにエタノール・スプレーで消毒する。手の平・手の甲も消毒。手袋をつけているときは手袋の上から噴射してかまわない。

買ったばかりの未開封カテーテルは滅菌ずみと思うが、念のため煮立ったお湯にしばらく浸し、煮沸《しゃふつ》消毒をする。一度使ったものはなおさらで、このプロセスは決しておざなりにしないこと。いい加減にやると後で泣きを見ることになる。

ローションは消毒した小皿に予《あらかじ》め適量移しておく。カテーテルを小皿に浸し、ローションをくぐらせてから尿道に入れてゆくので、カテーテルが浸る程度の深さまでたっぷりローションを入れておくこと。あと、間違えても尻をいじったローションをそのまま流用したりしないこと……。

ひとまず準備完了だ。お疲れさま。では、おもむろにオナニーをしてください。

「えっ……。それは、チンコを擦《こす》るあれですか？」

そうです。前立腺のことばかり考えていると、今まで散々やってきたオナニーが、かえって新鮮に思えるから不思議だ。

シコシコオナニーでも何でもいいので、先走り液で軽く尿道内部を潤すのが目的である。ローションも併用するが、先走り液は無料の天然ローションなので、使わない手はない。

尿道がしっとり濡れてきた感触が掴《つか》めたら、陰茎、股間全体、両手にエタノールを吹きかけて深呼吸。もしエネマグラが入っていたら消毒前に抜いておく。後ろからの圧迫が強すぎて、カテーテルが入りにくくなるからだ。

いよいよ挿入。ここからは雑菌の付着を防止するため、なるべくチンコとカテーテル以外、余計なものには手を触れないように注意しよう。

右手でカテーテルをつまみ、ローションの小皿を潜らせてしごきながら、ヌルヌルを伸ばしてゆく。伸ばしながら先端部をゆっくりと尿道内に挿入する。【＊4】

潤滑油が効いていると想像以上にスルスル入ってしまうが、決して焦らず、時間をかけて入れてゆこう。

挿入時、チンコは上向きではなく下向きに持つ。また、勃起すると尿道が圧迫されるので、オナニーの余韻で半勃ち状態のときは、相撲の番付表などを思い描きながらクールダウンさせること。ましてやカテーテル挿入中にチンコを擦るなど厳禁である。

気の遠くなるような時間をかけてカテーテルを入れてゆくと、僅かな痛みが下腹部に広がり、これ以上無理なんじゃないか……と思う場所に突き当たる。人によって誤差はあるが、大体尿道口から20センチくらいの距離だろうか。

ここが前立腺の扉である。おめでとう！　で、充分開発が進むとこれが痛みではなく快感に変わり、人によってはここらを軽くツンツンするだけで突き抜けるような快感が走って、射精しそうになるほどだとか。私はまだまだ。

では、扉を開いてカテーテルをさらなる深淵に導こう。

先ほどひっかかった前立腺地帯を通り抜けると、カテーテルの抵抗はうそのように消え、再びスルスル入っていってしまう。この時点で気持ちいいようなら、貴方の前立腺はすでにまんざらでもない状態にある。

およそ深さ30センチでカテーテル先端は膀胱圏内に突入する。先端が膀胱に入ると、当たり前だがカテーテルからオシッコが出てくる。初めてのときは感動する一瞬だが、オシッコを出すのが目的ではないのでカテーテルを戻し、手前を2つ折りにしてクリップで止め、目印としておこう。

要するに、カテーテルからオシッコの出てきた位置が膀胱内部。挿入に抵抗感のあった部分が前立腺の入り口。両者の間のグレーゾーンが前立腺の支配地域というわけだ。

位置関係が把握できたらカテーテルを動かし、グレーゾーンをひたすら往復させる。動きはゆっくりと、しかし確実に。以上が初期化の手順である。

初期化を試して感じなくても落胆することはない。あせらず毎日掘り進んでゆけば、いつか必ず金鉱にブチ当たる……といった具合で、要は根気よく開発できるかどうかの問題だ。乳首開発と同じく、尿道からの前立腺初期化も弛まぬ努力が必要なのだ。

さて、何度も往復させたら、あまり長時間入れっぱなしもよくないので、ゆっくりとカテーテルを尿道から抜こう。

完全に抜けたら水をガブ飲みしてトイレで放尿する。これだけ念入りに消毒しても、尿道内には若干の雑菌が付着していることが多い。これらを無菌状態のオシッコで洗い流してしまうのである。

放尿がすんだら亀頭部分にエタノールをシュッとひと噴き。気持ちも身体もスッキリしたところで、後片付けを忘れずに！

初期化を試したあとのエネマグラ・プレイは期待感も加わって興奮ひとしおと思う。いきなりレベルアップして「スゲエ、スゲエ」と快感の波をサーフできる人もいるだろう。

世の中には「カテーテルを入れたままエネマグラ挿入」という技もある。ただ、こ

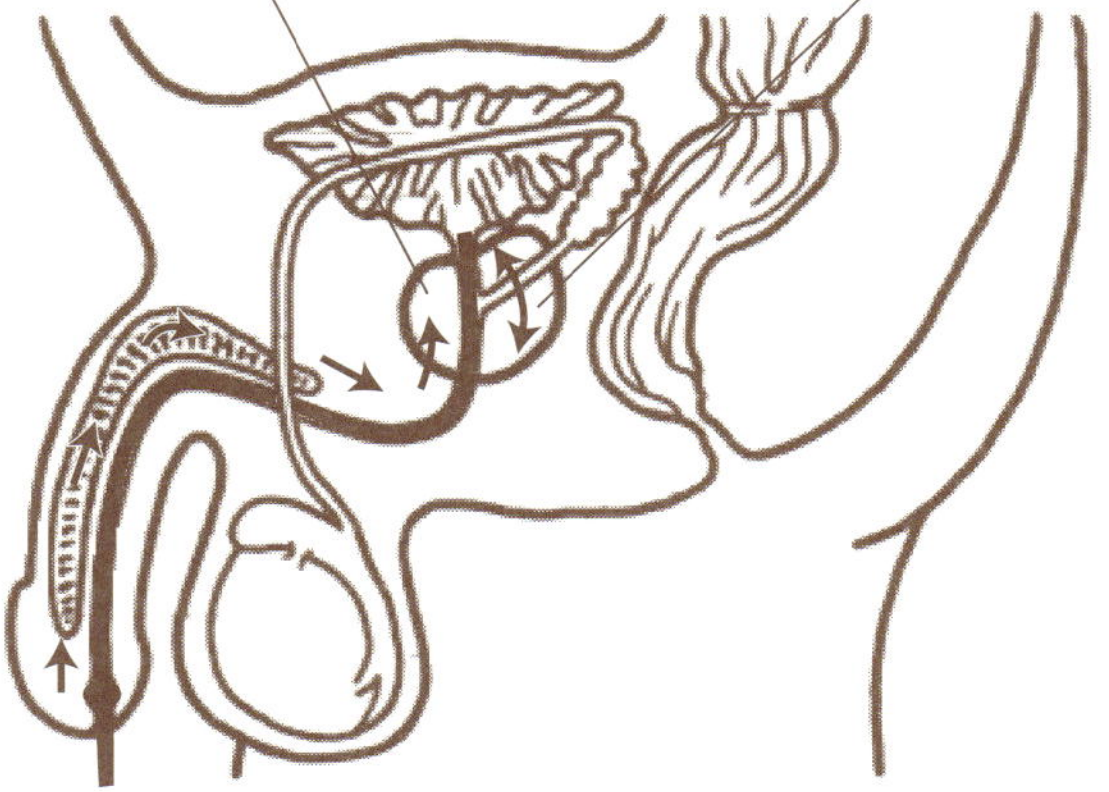

尿道口から前立腺までの道のり

れは何週間か尿道を鍛え、自信ができた頃に試してもらいたい。尿道初心者は出血・尿道炎の危険が大きいので自粛したほうがよいだろう。

恐怖の尿道炎

私が初めて初期化を試みた際、巷の情報を何も見なかったので「ローション・消毒・何もなし状態」でカテーテル挿入という愚行を犯したことがある。正直「ただ入れればいいもんだ」と思っていたのだが、大きな過ちだった。

翌朝、まさしくチンコの痛みで目が覚めた。朝なので膀胱もパンパン。小便したくてたまらない。それからはまさに地獄だった。

痛くて痛くてトイレまで歩くのもままならない。サオが風で揺れただけでも尿道中心にとんでもない激痛が走る。

だけど漏らすわけにはいかないので、牛のごとく一歩一歩トイレまで歩き、冷や汗を流しながら便器に放尿するが、ぼろぼろの尿道をオシッコが通過するときの痛み……。淋病の人なら頷《うなず》いてくれると思うが、大いなるナイルが沿岸の土を削り取ってゆくかのような、文字通りの激痛だ。

トイレの壁に爪を立て、ヤギのように「メエエエエエエエ」という雄叫びをあげる。

なんとか堪えて放尿を終えたが、尿意自体が恐怖となり、まさにトラウマ。医者へ行こうにも日曜日。地獄の痛みに悶絶しつつ夜を迎え、明日になれば痛みが取れるかも……と淡い期待で眠りについたが、翌日も同様だった。

ただ、なんとか歩けるまでには復活していたため、歯を食いしばりながら一路、薬局へ。もらった薬はたいそうよく効いたが、完治するまで5日はかかった。

万一、尿道炎を患ってしまった同志へ……。オシッコするときは痛いからといって小出しにせず、一気にぶっ放してしまったほうが痛みを感じる時間が少ないだけ得である。水流が途切れたときの痛みもひどいので、勢いを維持させることも大切だ。

というわけで、尿道炎の壮絶さを身をもって理解したため、以降はカテーテルを抜いたあと、予防策として尿道炎の薬を飲んでしまうことにしている。さらに細菌への抵抗力を考え、各種ビタミン剤も合わせて摂取。

以来、尿道炎地獄に苦しむことはなくなったが、何度目かの挿入後、排尿時に小さな痛みが残ることもあった。いまではカテーテルを入れる度に翌朝が怖くなる。まあ、きちんと手順を踏んでいれば大丈夫なのだが……。

【下条】

【＊1】男性用導尿カテーテル：長さ30センチのヒモがチンコに収まってしまうとは……不思議な光景としか言いようがない。写真は牧ロゴム株式会社製のロビンソン・カテーテル。使い捨てタイプで購入価格は640円。

【＊2】消毒用エタノール・スプレー：薬局で購入可。チンコに噴射するとヒヤッとした刺激を感じるが、傷がなければ痛みはないので大丈夫。

【＊3】タケシマイロン錠：尿道炎のお薬。副作用もあるので服用時は説明書にしっかり目を通すように。お近くの薬局でどうぞ。

【＊4】尿道口から前立腺までの道のり：道は必ずしも直線ではないので、入れるときは硬いものより柔らかいものを使おう。尿道オナニーに体温計や竹串を使う人がいるが、前立腺までは相当遠いので長さも足らないし危険である。

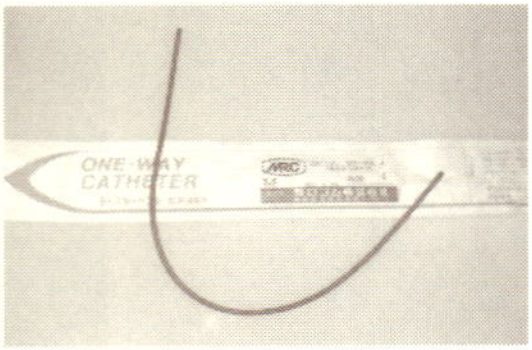

男性用導尿カテーテル

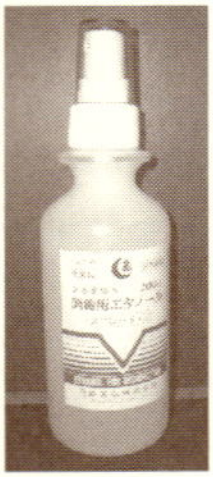

消毒用エタノールスプレー

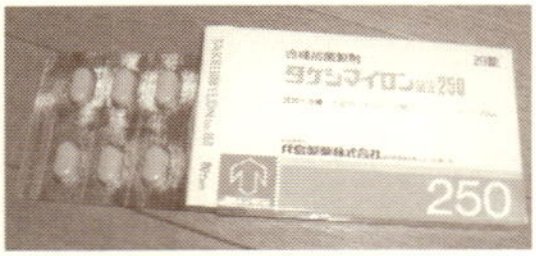

タケシマイロン錠

禁じられた遊び。合法ドラッグでマスターベーション

自分が道徳心を持った人間であることを完全に忘れ、一匹の獣(ビースト)になれるチャンスはそうない。

平凡なオナニーだけで「獣、畜生、人でなし」の三拍子揃った悟りの境地までたどり着くためには、それなりの修行とツボをおさえたセッティングが必要だ。

チンポを握りつつ大声で「アアアアアア! イクゥゥ」と絶叫しても、「どうしたんだ正夫!」と家族が駆けつけてこない孤立した環境を探すのはなかなか難しい。

欲を言えばラブホテルの一室などがベストだが、隠しカメラの存在、延長料金の心配などがドライへの集中力を阻害し、日頃なじんでいない空間という面もあって緊張もするだろう。

そんなとき、世間からあまり歓迎されていない感のある「合法(脱法)ドラッグ」を使うことで、常識・世間体・義理人情ばかりか緊張をほぐし、なおかつ集中力まで無理やり高めちゃって、一気に犬畜生レベルの化け物に進化することが可能になる。

もうひとつ、終わって「ハッ」と我に返った瞬間がなんとも哀れな野郎のオナニーだが、そんな哀れさを覆《くつがえ》してなおかつ「それがどうした。ああっ!?」と開き直れる野生のクソ度胸をも、人工的に作り出してくれる。

あえて勧めはしないけど、いいのか悪いのかはともかく、愛好者たちの評判は悪くない。


「ごっ、合法ドラッグって今までバカにしてたけど、す、げげげげげぇぇ（嘔吐）」

「常用しなけりゃ大丈夫。酒より健康的だよ（思い込み）」

「煙草なんて、迫害されながら税金払ってるようなもんだ。その点、合ドラは消費税だけだから（自己暗示）」

「やるとさ、歩いてる人間が全員俺とＳＥＸしたがってんのがテレパシーで伝わってくるわけよ（未来の連続レイプ犯）」

「やらない奴はバカ。人生観変わるぜ！　アメリカじゃ宗教儀式にも使ってるっていうし（見てきたのかよ？）」


分析すると根拠レスに等しいが、自信だけは満々の体験談を聞くと、ついつい試してみたくなるのは、えー（ダミ声で）私の不徳といたすところでありましてーえー。

ただし、いくら「合法ドラッグ」とはいえ、所持などが違法ではないというだけで、つまりは法規制が追いついていないだけのこと。非合法のものよりヤバい薬もあるし、どんな混ぜ物が入っているのか、どんな副作用があるのかもまだはっきりしていない。

気持ちよくなったまま現世に戻ってこれず、ミミズと同程度のIQで、朽ち果てるまで福祉の世話になりたい人はいないだろう。それはそれで気持ちいいのかもしれないが、高額納税者の方々には私からも深くお詫び申しあげます。

未知の快感には常に大きなリスクが伴う……。安易に危険なドラッグ・オナニーを試す前に、それだけは深く肝に銘じておきたい。

（以下、アルコールを除き、いつ日本の法規制の対象になるかわかったものではない。とりあえず、この本を作っている2004年夏時点で違法ではないものを集め、焦点を当ててみました。）

［アルコール］（評価★）

アルコール。少量ならば開放的な気分に浸れ、パーティの主役になれるかもしれないが、飲みすぎると全身の皮膚感覚がにぶり、チンポの勃ちも悪くなり、頭の回転もゆるくなる。

大昔だが、とある雑誌の取材で大柄のコロンビア人売春婦と新大久保で寝たことがある。思い出すのも恥ずかしいが、恥じらいと緊張と白人の威圧感でチンポが勃たなかったでげす。へえ。

そんとき彼女から（日本語で）言われたひとこと「アナタ、オサケ飲ンデルデショ。

ダカラ勃タナイ。ハハハ」……は、ボディブローのように今でも効いている。

実は酒なんて一滴も飲んでなかっただけにショックだった。実は突発性インポなんでげすよ奥様。とは名誉白人の沽券《こけん》にかけても【＊1】言えず、そ、そそそ、そそ、そうそう、飲みすぎてね、えへへ……と、だらしなく笑ったあの夜。でもプライドはズタズタ。なおさらヘナる安物の如意棒。奮発して3万円も払ったのに（バブル時代。どっかの雑誌の経費ですが）。ああ！

その後、なんとか根性で半勃ちまで持っていったが、南米女のわざとらしいよがり声が読経《どきょう》のように響き渡るベッドにて、あえなく撃沈。救助艇でシャワー室へ。

帰り道。ヤケになって居酒屋でひとり酒を飲み、家に帰って不甲斐ない思いを吹き飛ばそうと、南米娘の残像を振り返って思い出しオナニーを試みるが、自慢の単一電池が単四サイズに縮小してしまい、酒のせいか、握っても痺れて勃つ気配すらない。こすってもコンドーム4枚重ねみたいな感覚なので、まさに八方塞《ふさが》り。四面楚歌。ため息をついて汗をぬぐうと、臭かった。アルコールは汗といっしょに出てくるとき、とてもいやな匂いを出す。それがまた虚しい感を倍増させてくれて切ない。

酒を飲むことによって抑制されていた本能が表面に現われ、本能を抑えているはずの理性が消えてしまうのは、安酒場の風景を見れば一目瞭然だろう。ならば、酒を飲んだら飲んだだけエロくなれるのだろうか？　と言うとそうではなく、性欲との関係は血中に溶け出したアルコールの量でリアルタイムに変化する。飲酒運転の検問で「酒気帯び」とされる25mg/dl（0・1リットルあたり）では普段より性欲が高まっているが、「酩酊状態」とされる50mg/dlを越えると性欲は麻痺する。

個人差もあるが、25mg/dlとはビールの大瓶2本半、ウィスキーで水割り3杯程度の量である。酒は暖めて飲んだほうが吸収が早く、つまりは醒めるのも早い。

つまり、セックスやオナニーがスケジュールに組み込まれている際、深酒は禁物ということである。

［エフェドラ］（評価★）

エフェドラとは、漢方で言う「麻黄（マオウ）」のこと。原産地は中国の山間部【＊2】で、マオウ科の植物の茎を乾燥させたものからエフェドリンという成分を抽出する。エフェドリンは、咳止め・解熱・発汗剤・去痰薬として古来から広く処方されてきた。

交感神経に作用して、気管支を拡張。呼吸を改善させるなどの効果もあるが、不眠・神経過敏・嘔吐・胃もたれ、頭痛、口の渇きなど多くの副作用があり、飲んでいる間は興奮状態が続くため、長期にわたって服用した場合、精神的ダメージを受ける可能性もある。

現在「エフェドラ」という商品名で出回っているカプセルのほとんどが植物から抽出したものではなく、化学合成されたエフェドリンで、主にダイエットや眠気覚ましに使われている。

つまり、エフェドリンの副作用とされていた部分だけが脚光を浴びているのだ……。

日本では「エフェドラ」の販売が表向き禁じられてるが、個人輸入で簡単に入手できる上に、業者はいいことしか書かないので愛好者は多い。ただし、正直かなり危険な薬品である。

人によっては飲んですぐ、心臓がドクドク音を立てるのがわかるだろう。こんな感じで心拍数が上がっているときに激しい運動をした結果、毎年少なくない数の人が突然死している。

興奮作用のお陰で眠れず、刺激が強いので胃が荒れて息が臭くなり、慢性的にねっとりした徹夜明けの汗が背中を伝う……。こんなものの何がいいのだろう。しいて言うなら服用翌日の徹夜明けオナニーができることくらいか。

人間を含めた動物たちは「種族を絶やさぬため、極限状態において性欲が高まる」という困った本能を持っている。

半違法の濃いエフェドラを飲んだ翌朝、24時間興奮しっぱなしで身体と頭は疲れきってクタクタなのにも関わらず、妙なことに元気な部分がひとつだけあることに驚いた。そう、チンコだ。

疲れているはずなのに、意に反してギンギンな俺の迫撃砲。これが噂の「疲れマラ」なのか！　ほほう……と感心する間もなく、脳に行くはずの血液までドカンと海綿体に注ぎ込まれるため、頭の中はなおさら朦朧とする。

したいけど、したらひょっとして死ぬんじゃないか……。不安が脳裏をかすめる。こういう極限状態でのオナニーほど思い出に残るものはない。精子を出しても出しても、危険信号発信しっぱなしの脳は哀れな下半身に勃起を命じてしまう。死を賭けた動物的オナニー。身体にはよくなさそうだ。

共著の下条氏も一時期エフェドリンにのめり込み、錠剤ばかりか人気のない植物園に生えている麻黄を引っこ抜いてくるまでに至ったそうだが、現在は否定論者に回っている。

わたしもまた、勧められるがまま飲み、仕事が忙しいときなんかにカフェインのかわりとして愛用してた時期もある。しかし「健康食品」とうたいながらも（販売していたサイトの宣伝文句から）、実は不健康極まりない効能にヤバいものを感じ、残りはさわやかな微笑みとともに便所へ流した。ちょっともったいなかったけど、安いからいいか（アメリカでは販売が禁止されたそうです）。

【AMT】（評価★★）

AMTとは「αメチルトリプタミン」の略。化学合成された薬品で、日本でもかつては所持や販売が合法だったが、用途はあくまでも「研究用」に限られていた……ので、飲んでしまうと薬事法に触れたのだけど、それが真実なら日本はAMT研究者の巣窟《そうくつ》だ。そんなわけねーか（その後、見事に麻薬指定されました。221ページ参照）。

こんな怪しげな薬を「一発キメるか」の合言葉とともに、疑いもせず口に入れてしまう無謀行為のことを、業界では「誤飲」と呼んでいる。わざとじゃなく、間違って口に入ってしまったんです。大変だ！　わざとじゃないのに！　ウヒヒ……というわけだ。

1950年代のロシアでは、AMTが精神医療の現場で広く使われていたという。「アルファ」という名前で、主にうつ病の患者に処方されていたそうだ。使われていた……と過去形になっている通り、どんな問題があったのかは知らないが、今は使われていない。

日本国内で売買されているAMTはあくまで研究用だが、それは本音と建前の話で、一回分の誤飲量は20mgから35mgとされている。雰囲気で言うと耳掻き軽くひとさじ？（目分量は大変危険です）。これを6時間ほど飯を抜いた空腹の状態で、口から飲み下すそうじゃ（民話風に）。

身体に入って約1時間経つと、楽しくなる前の生き地獄。通称「通過儀礼」というものがやってくる。それは「吐き気」だったり「胃のむかつき」だったり、取り合えずろくなものではない。人によっては本当に吐いてしまうが、吐いても問題はないようだ。

なんで金払ってこんなもの！　と後悔しながら悶えてると、知らぬ間に吐き気が収まり、とともに、その、普段見慣れた娑婆の世界がちょっとばかり変わって見えてくる。なんていうか、その、雲の切れ間から差し込んだ黄色い光に、自分ひとりだけ照らし出されたような……。カイロを背中に仕込まれたみたいにぽかぽかの感触。そして幸福感。

視覚・聴覚にも変化が現われ、軽い幻覚（天井の模様がエンボス状に浮き上がったり）を見たり、聞こえないはずの音（隣家の喋り声）が聴こえたりもする。そんで、そんなしょうもないことが『フランダースの犬』よりも感動的に思え、便所の花柄スリッパに芸術的価値を発見するに至ると、忙しくてしょうがない。

じゃあ、オナニーもすげえ感動的なのかというと、うまい話ばかりじゃないというのが率直な感想だ。

黒ずんだバナナもダイヤのように美しく見えるほど幸せなので、見慣れた腐れチンポでさえ美しいのは言うまでもない。しかし感受性が狂っているため、見るもの聞くもの全てに感動しまくっている間、気が散ってオナニーに集中できないのである。
だが、しようと思えばできるし、すれば幸福なだけに、シラフのときより数倍気持ちいいことはたしか。エロ本のモデルが表情を変えてくれたりすることもたまにあるのでバカにはできない。他のことに気をとられてオナニーを忘れないよう、メモ帳に「オナニー」と書いてから誤飲するのも一考だが、正気に戻ったらメモは忘れずに廃棄すること。

AMTの持続時間は12時間以上。後半は効きがゆるくなるが、長時間勝負で眠りも浅いので(副作用で眠れない)、時間がたっぷりあるときしか誤飲できないのも厳しい。

MAO阻害剤について(AMTはMAO阻害剤です)

MAO(モノアミン酸化酵素)は脳内で増えすぎたモノアミンを吸収する物質で、モノアミンとはセロトニン・ドーパミン・アドレナリン等、神経伝達物質の総称である。これらが神経細胞の結合部分(シナプス)を通って隣の神経細胞へ動くことで、脳は様々な情報を交換している。

MAOは脳と消化器に多く存在するが、脳内のMAOを阻害すると、神経伝達物質(モノアミン)が普段よりもたくさんシナプス中に存在できるため、気分がよくなってしまう。

ところがＭＡＯ阻害剤を内服すると、消化器にあるモノアミン酸化酵素まで抑制してしまうことになり、チラミン（古くなった食物に含まれる有害物質）を解毒する作用を阻害し、血圧は危険なほど急上昇。これはまずい。

なので、ＭＡＯ阻害薬を飲んだ場合はチラミンが入った食物を注意深く避けなければならない。例を挙げるとこんな感じだ。

アルコール（特に赤ワイン、ビール）
新鮮でない肉類（ソーセージ・ハム類は危険）
魚類（刺身はいいが、長期間保存されたものは危険）
乳製品（チーズなど）
発酵食品（醤油など）
豆類（大豆食品・味噌汁など）
バナナ、アボガド
ほうれん草
ナッツ、ラズベリー
チョコレート、カフェイン（コーヒー、紅茶など）

イースト菌（パンなど）

つまり、年代物のワインにハムソーセージのチーズ炒め。醤油をたっぷりかけたくさやの干物と納豆。ほうれん草と豆腐の味噌汁。デザートはチョコバナナパン。食後にコーヒー。フルコースでこれだけ食えば、死んでしまう可能性もある。なんだか、計画殺人にも使えそうな気がしてきた……。ＭＡＯ阻害薬を胃薬と偽ってたっぷり飲ませたあと、「ウフフ、今日は私の手料理をどうぞ」とかなんとか言って禁止食物をたらふく食わせ、ガイシャは満腹したところで血管破裂。莫大な財産は全て私のもの。オーッホッホッホッ。

これらの食品に加え、各種抗うつ剤、麻薬類、咳《せき》止め、かぜ薬、花粉症の薬との併用も危険である。大事をとって、ＭＡＯ阻害薬を服用する前後の最低３日間は、これらの薬や食物を避けたほうが無難であろう。

【ラッシュ】（評価★★★）

アダルトショップに必ず置いてある、毒々しい色をした小さな小瓶。大きさ的にはフィルムケースくらい。ラベルには派手なロゴが印刷され、見ているだけでも楽しいが、これらを全部ひっくるめて「ラッシュ」という。値段は1本千円から2千円前後。

棚をよく見ると「ビデオのヘッドクリーニングに最適」とか書いてあるが、建前にすぎない。もちろんヘッドクリーニングにも使えるが、それならもっと安いものが売っているし、いくらエロビデオをダビングしまくったとしても、そんなにしょっちゅうヘッドが汚れるわけがない。

東京都は1998年、条例により吸引目的でラッシュを販売することを禁止。だったら他の目的なら文句ねえだろ……というわけで、芳香剤だと吸引してしまうし、観賞用だとちょっとわざとらしい。そこで編み出された苦肉の策が「ヘッドクリーニング剤」なのである。これでヘッドを洗っている奴はひとりもいないだろうが。

ラッシュは飲むのではなく、小瓶の蓋《ふた》を開けて鼻からスースー匂いを嗅《か》ぐ……。決していい匂いではなく、シンナー系の刺激臭が鼻を突く。飲もうと思うような代物ではないが、間違っても飲んではいけない。

気体を吸い込むと、主成分の亜硝酸イソブチルが血管を拡げ、頭がぼんやりとする。亜硝酸イソブチルは降圧剤の仲間で気管支の拡張作用があり、狭心症にも使われる。が、精神的にはあまり作用しない。

心臓の鼓動は気持ち速くなり、全身の筋肉が少しゆるむ。特に肛門の筋肉もゆるくなって、絶頂時に頭が真っ白になったりもするため、ハードゲイの人には「ラッシュのないセックス」が「ダシの入っていない味噌汁」くらい、味気ないものに感じるそうだ。
ただし、量を間違えると（間違えなくてもたまーに）めまいや立ちくらみ、息切れしたりする。まれに、急に血圧が下がって失神、卒倒することもあり、加えて直腸粘膜が出血しやすくなるため、そうなってしまった場合パンツは血だらけ。エネマグラ使いにはかなり厳しい結末となるだろう。でも、ゲイの間では人気商品なのであるが……。

いまのところ深刻な副作用は報告されていないが、香りからして健康に思いっきり悪そうな気がしてならない。一応血圧に作用する薬なので、高齢者、高血圧・心臓の病気を患っている人は近づかないように。

もうひとつ、オナニストには関係ない話だが、バイアグラと併用すると相乗効果で死ぬ危険性がある。あと、極めて引火しやすいという点も見逃せない。オナってる間に家が燃えてしまったら……。

【5-meo-dipt】（評価★★★★）

ストリートで「ディプト」「ゴメオ」「フォクシー」などと呼ばれる純白の粉末。1980年、サイケの世界では名高いアメリカのアレクサンダー・シュルギン博士【＊3】が合成した。セックスに最適と謳われているアレだ。

ちなみに発祥の地・アメリカではすでに違法となっているが、日本ではいまのところまだ合法（その後２００５年4月、麻薬に指定されました。２２１ページ参照）である。ゴメオ大好きなテキサスの毛唐に言わせれば「日本もまんざら捨てたもんじゃないぜ」ということか。

合法とはいえ、医薬品として認可されているわけではない。単に所持や売買が黙認されているだけ。もともとサイケトリップのためだけに開発された薬品なので、他の使い道はこれといってない。それに、ただの白い粉だから鑑賞しても全然面白くない。

ゴメオは例によって、路地裏の怪しげなセックスショップやインターネットの通販

アレクサンダー・シュルギン博士

上の２冊とも、シュルギン博士の著書、『Pihkal』（左）、『Tihkal』（右）

で売買されている。気になるお値段はダンピング傾向にあるので、探せばグラム（1000mg）1万円を切る店もある。

一回の誤飲量とされるのは10mgから15mg。1000mgも買っちまった日には、週一回ぶっ飛ぶ過密スケジュールでも余裕で1年分。ぼったくり価格の店も多い【＊4】が、インターネットで安い店を調べようにも、店の数が多すぎて高いんだか安いんだかわけがわからない。

どうでもいい話だが、「ゴメオ」という呼称はもっぱらゲイ（日本人）の間だけで使われている。

よって、いきなりショップの兄ちゃんに「ゴメオあるかしら」なんて言おうものなら……あれっ、もしかして……と思われる可能性大。だけど、ネーミング的に分かりやすいのと語感のよさで、ここでは「ゴメオ」という呼称であえて統一したい。そんなゴメオの持続時間はAMTより若干短く、約6時間だ。

事前に飯を抜き、腹を空かせた状態で、慎重に慎重に計量したゴメオの粉末を、そのまんま口から入れることを誤飲と呼ぶ（もうひとつ方法があるが、それは後で）。

粉末はとても苦くて渋くてまずいものだが、水に溶けやすい性質のため、味の濃いジュースに混ぜて一気飲みとか、やり方によっては苦痛をラクにすることもできる。

ただ、その場で吐くほどまずくはないので、そのまま我慢して飲み下してもオーケーだが、飲み下してもオーケーという表現は法律的にまずいかも……。

なにしろ、量を少しでも間違えただけで天国が地獄になってしまう恐ろしい薬でもあるので「今夜は思いきりブチ切れてやるぜ」という気持ちは痛いほど分かるが、ほんのちょっとの加減次第でブチ切れるどころか、阿鼻《あび》地獄（仏教大地獄の最下層。刑期は2万年とされている）へまっ逆さま。「少なめに、少なめに！」を合言葉に、ほうら、もっと入れてやれ！　という悪魔の思考を抑え、冷静になりたい。

誤飲後、正座して心を落ち着かせていると、前述したAMTと同じ招かざる「通過儀礼」がやってくる。吐き気、焦り、寒気、冷や汗など……。

ひたすら我慢していると苦しみは1時間以内に収まるが、人によってはかなりつらい体験になるだろう。誤飲前に食事を抜いておくのは胃の吸収をよくするためもあるが、吐き気を少しでも和らげるための準備という意味合いもある。

しばらくして通過儀礼が終わると、シラフとはひと味もふた味も違う不思議な感覚に襲われる。

人それぞれなので断言はできないが、身体中の皮膚が超ウルトラ敏感になり、電気のような「ビリビリ感」が皮膚という皮膚の表面を走り回る。そんで、バカみたいなのは百も承知だが、部屋でひとり快感にあえぐ情けない自分がいた。量が多かったのかなあ。

マニュアル通り、性感が目に見えてパワーアップしているのがはっきりとわかる。猫の交尾を見てもニヤけてしまう異常な精神状態というか、とにかく普通じゃない。

さすがにLSDには及ばないが、サイケデリックな効果も少しだけあり、ちょっと入れすぎ気味のときなどは、視界に微妙なエフェクトがリアルタイム加工され、まるで人間フォトショップといった感じだ。

それから、ゴメオは身体の体温調整機能もおかしくしてしまうため、爬虫類の気持ちがよくわかる（わかりたくないけど）。クーラーが最強になっていたりすると凍死しかねないので、警戒が必要だ。


効き目が理解できたところで、先ほど触れそうで触れなかった「もうひとつの摂取法」についてお話する。はは。言いにくい話ですが、肛門からブチ込むのです。この場合、誤飲じゃなくて誤込でしょうか。

言わずもかな、腸の粘膜は恐るべき吸収力を持っている。しかしゴメオは粉末状なので、そのままではうまく収まらない。

そこで、ミネラルウォーターに溶かしたものをスポイトで吸い込んで肛門へ注入したり、大きめの薬局で売っている空カプセルに詰めかえてから、カプセルに潤滑油を塗って、指で肛門内に突っ込んだりするんですって（井戸端会議風）。どうです、気持ち悪いでしょう。

肛門から入れる場合、先にウンコをしておかないと、入れようとしても出てこようとする大便と衝突してうまく入らない。時には指やスポイトがクソまみれになるので極めて危険である。

先に排便をすませておくと、不思議なことに肛門付近の腸は驚くほどきれいになっていて、指を入れても黄色くなることはまれである。人間の身体は本当にうまくできている。

でまあ、なぜ肛門から入れる人がいるかというと、口から飲み込むよりも「通過儀礼」が軽くなるからだ。胃のむかつき、吐き気など、胃に関係する儀礼が軽減され、感じないこともある。

なので肛門から入れる人が後を絶たないのだが、かわりに直腸の吸収力をバカにした結果、量を間違えて地獄を見る人が続出した……。肛門の場合、口から誤飲する量の1／3から2／3でも入れすぎだという説が有力だ。

気になるエネマグラとの相性については、各所でそれなりに評価されている（否定派もいることをお忘れなく）。

ゴメオには筋肉弛緩効果があり、肛門括約筋の緊張がいい具合にとれてエネマグラを入れやすく、かつ動きやすく、エロ関連の集中力・想像力までもがパワーアップするほか、性感も高まるなど、ゴメオ派の崇拝ぶりはとどまることを知らない。かつて文化大革命を手放しで絶賛していた左翼系知識人を思い出させる。

化学的な快楽に溺《おぼ》れた末、重要なローションの塗りなおし【＊5】をおざなりにして、エネマグラが腸に貼りついてしまったり、ゴメオを乱用しているうち、なんだか頭が悪くなったような……など、誤飲に重大なリスクが伴うことを忘れてはならない。

楽しいこともあれば、つらいことも……

ゴメオは精神に深く作用する。他の向精神薬や抗うつ剤を飲んでいる人は、服用をやめてから充分に日を置くか、トリップそのものを諦めないと、相乗効果で大変なことになったり、まったく効かなかったりと、どっちに転んでもいやな思いをする可能性が高い（抗うつ剤との併用は特に危険）。

もともと服用が禁じられているだけに、どのような結果になろうとも、責任をとってくれる人は誰もいない。副作用も謎に包まれている。

ひとつ言えることとは、バリバリに効いてくると、普段絶対しない大胆不敵な行動に走る傾向が強いということ。例えば大きな声でよがり狂い、笑いながら淫《みだ》らな言葉を口走ったり、上半身裸で窓を開け、通行人の女性を獣のような目で視姦してみたり……。

あなたがゴメオ使用中であること、そしてゴメオがどんな薬か熟知している家族といっしょなら問題ないが、そんなにできた家族も滅多にいないと思う。下手すると○○ガイ（東横のれん街？）になったと勘違いされ、資産家の祖父から遺産の相続分を減らされてしまうかもしれない。そうなってからわたしを訴えても遅いので、気をつけよう。

ここまで読んでびびりまくり、怖いからといって友達と試したりすると、なおさら厳しい結末を迎えることになるだろう。

特に、面白半分で飲み物に混ぜたり（味が味だけにバレるだろうけど）、風邪薬と称して飲ませたりは道徳云々以前に犯罪行為だが、そのうえ量を間違えたりすると最悪だ。

一服盛られた人は自分の頭がおかしくなったと勘違いして焦りまくり、場合によっては錯乱・凶暴化（理性がなくなるので）しかねない。飲ませた方もたっぷり修羅場を味わうだろう。で、たっぷり後悔しても後の祭り。

ゲロを吐きながら錯乱する友人の姿を見て我に返り、慌《あわ》てて種明かしをするが、ゴメオの影響で落ち着きを失い、すでにまともじゃない友人は不信感の塊。目つきも怖い。

6時間で元に戻るから安心しろ！　と大声で説明しても、オーバードーズ時の焦躁感で聞く耳を持たない。救急車を呼べ！　頼むから呼べ！　呼ばないとてめえ今すぐぶっ殺すと言われたら、あなたは救急車を呼べるだろうか？　もしくは、わめき声を聞きつけた近所の主婦が一一〇番通報したら……。

かろうじて所持は合法なので（2004年夏現在）、何か別の犯罪をしでかさない限り、逮捕されることはないと思うが、近所中からヤク中のレッテルを貼られ、母は泣き、父は怒り、おばあちゃんはショックで倒れ、町内の名物男になってしまうだろう。あなたの事件がきっかけでゴメオが違法となり、A級戦犯にされるかもしれない。おまけに、警察には記録が残るはず。

コアなゴメオ主義者はこんなときどうするのだろう。聞いてみると、「デパス」【＊6】などのベンゾジアゼピン系抗不安剤を使うという。バッドに入ったり、量入れすぎたやばい！　と感じたらすかさず一錠飲むと、ラーメンを食べ終わるくらいの時間で平常心を取り戻すことができるそうだ……。ただしデパスは処方薬なので、医師から処方箋を出してもらわないと入手できない。

悲惨な結果を招かないためにも、ダメ！　ゼッタイ！　と言いたいところなんじゃが（免罪符）やるなら量だけは間違えるな！　とはいえ、しょせんは「耳掻きで軽く一杯」とか、そんな方法でしか計りようがないので、悲劇を起こさない方が不思議である。

mg単位で計量できる電子天秤があれば確実だが、世の中いいことばっかりじゃないので一台十万円くらいする。近所の愛好家同士で共同購入という手もあるが、できるもんならしてみやがれ……という感じで無理だろう。

インターネットのゴメオ・コミュニティでは、正しく計量する手段として、1000mgのゴメオならきっちり1000cc（1リットル）のウィスキーと混ぜる……という方法が紹介されている。なぜウィスキーかというと、水だと腐ってしまうからで、

mg単位で計測できる、
1台10万円の電子天秤

こちらは0.1mg単位まで計測できる、
1台16万円の電子天秤

酒なら保存しやすいという点もある（保管は冷蔵庫で）。

こうすると、ゴメオが溶けこんだ１００ccが１００mg。10ccなら10mgとなるので、針を外した注射器などで計量すると使用するとき便利だが、少量とはいえ酒といっしょに誤飲することになるので、ケツから入れるのは死亡遊戯となる。

しかしこの方法も、業者から届いたゴメオがきっちり１０００mgだったら……というのが大前提で、やさしい業者さんが「よーし、こいつはよく注文してくれるから、今回はたっぷりオマケしてあげよう」と、頼みもしないのにごっそり余分に入れてくれた場合、全く意味がなくなる。結論として、信頼できる方法とは言い難い。

最後に万が一、錯乱して自制心がなくなり、救急車を呼んでしまった。もしくは誰かに呼ばれてしまったとしよう……。そう、別にあんたが呼ばなくても、身内の誰かが心配のあまり通報する可能性だってあるのだ。

真夜中の住宅街で見物人に囲まれ、呆れ顔の救急隊員に運ばれるあなた……。もちろん、救急車を呼ぶくらいだから状態はかなり悪く、半狂乱である。

赤色灯に照らし出された下半身裸の男など、近所の人の目には頭のおかしな人としか映らないだろうし、丸出しチンコにティッシュがへばりついてたり、ケツにエネマグラなんか刺さってた日には、デジカメのフラッシュが一斉に光るだろう。ファイル名は「近所のバカ_遂に発狂.jpeg」あたりだろうか。運が悪いと写メールされてしまうかもね。

病院で応急処置を受けることになるが、もともとなんの対処法もないので手の施《ほどこ》しようもなく、脈を計られる頃にはなんとなく正気が戻ってきて「やっぱり大丈夫だから帰ります」となるが、向こうはゴメオなんて知らないので、きっとシャブでもやってたんだろうと管轄の警察署に通報が行く。

いったん警察が動くと、尿検査で陰性の結果が出るまでは犯罪者扱いとなり、たとえシロでも説教されて、下手するとパトカーでお見送り。傍からみたら、社会人失格の烙印《らくいん》を押されたようなものだ。

ＡＭＴやゴメオは「合法ドラッグ」というくくりで出回っているが、バッドに入ると下手な違法ドラッグより確実に恐ろしい。てなわけで、ここまでダラダラ書いといて恐縮ですが、ダメ！　ゼッタイ！　とまでは言わないけど、やめたほうが……。


【黒沢】

【追記】本書を製作中の２００４年夏の時点では、ＡＭＴもゴメオも（所持や売買は）法規制の対象外でしたが、それぞれ２００５年４月より麻薬に指定されました。現在は「麻薬及び向精神薬取締法」により、所持も売買も使用も固く禁じられています。要注意！　ダメ！　ゼッタイ！　です。逮捕されちゃいますよ。

番外対談：「ゴメオは怖いよ。経験者に聞いてみよう」

ピン太：聞き手
ゴメ夫：語り手（31歳無職：5-meo-dipt愛好家）

ピン太「こんちは。ここではゴメオと呼びますけど、この前はじめて誤飲してしまいましたよ」
ゴメ夫「どこで買ったの？」
ピン太「定番らしいですが、埼玉の〇〇〇〇です」
ゴメ夫「安いよねえ。あそこは。サイトがさっぱりしすぎてて気味悪いけど」
ピン太「値段が値段だから、あそこから買ってる人は多いでしょうね。と、今日はゴメ夫さんのゴメオ体験談を聞きたいんですが」
ゴメ夫「いいけど俺、エネマグラやってないよ」
ピン太「ああ。エネマグラとゴメオのいい話は別途やりますんで、ここでは抑止力としての悪夢体験談をお願いできますか」
ゴメ夫「それなら色々あるよ。救急車は呼んだことないけど、呼びたくなったことは何度かあるから」

ピン太「でもやるんだよ！　って感じですか。ハハハ。どうぞ」
ゴメ夫「ところで、口から飲んでる？」
ピン太「ええ。幸い胃が丈夫なんで吐いたことはないんですが、飲んでしばらくするとむかむかしますね。空腹時に揚げ餃子を40個食ったみたいな」
ゴメ夫「俺は耐えられないから、いつも腸から入れてるんだけど」
ピン太「きっかけは？」
ゴメ夫「はじめて買った店がふざけてたね。『決して、水に溶かしたものを肛門から注入したりはしないでください』とか書いてんのよ。それで知ったんだけど」
ピン太「ふざけてますね」
ゴメ夫「ただ、水に溶かしてそのまんま注入すると、下痢したときの変な残便感みたいなのがあって、気持ち悪いんだよ。だから、今は粉を市販のカプセルに入れてるけど」
ピン太「小さい空カプセルって、あんまり売ってないでしょ」
ゴメ夫「そうそう！　近所の小さい薬局だと、でかいカプセルしか置いてないんだよ。別にでかくてもかまわないけど、資源の無駄遣いしてるみたいでやだね」
ピン太「水に溶かして注入するのと、カプセル方法とでは違いがありますか？」
ゴメ夫「違わない。ただ、カプセル方法だとついつい欲張ってたくさん入れてしまうんだよ。だからいつも入れすぎてヤバくなるんだろうね」
ピン太「でもやるんだよ！（以下略）入れすぎって、どれくらい入れたんですか」
ゴメ夫「目分量だからね。自分では10mgのつもりなんだけど、実際20mgくらい入れてたのかなあ。実際10mgで効きすぎてるだけなのかもしれないし、わからないよ！冷静に考えると恐ろしい話だね」
ピン太「計量はタミヤですか？」
ゴメ夫「タミヤだよ（注：タミヤ調色スティック【＊7】のこと）。みんなアレ使ってるよね。業者がオマケにつけたりしてるからだろうけど」
ピン太「効いてくるまでの通過儀礼は？」
ゴメ夫「腸から入れたときって、吐き気はほとんどなくて、じっと効いてくるのを待ってるって感じ。他人とやったとき分かったけど、腸から入れても吐く人は吐くんだけどね……。最初にしくじったときは、まず蛍光灯の明かりが恐ろしくなった。こんなに明るくしやがって、俺を殺す気か！　みたいな。それでなんとなくヤバイって気づいたんだけど」
ピン太「もう遅いんですよねえ」
ゴメ夫「そうなんだよ。怖いから電気消したんだけど、まともに立ってられなくて、床は歪《ゆが》むし、アシッド食ったときみたいな楽しい歪み方じゃなくて、なんか悪意が感じられるんだよ。で、それがフラッシュみたいにシュボッ！　シュボボボッ！　って点滅すんの」

ピン太「心境は？」

ゴメ夫「まだそんなときは、すごいなあくらいにしか感じてないね。もちろん微妙に怖いけど、悪い方に考えてもしょうがないから、なるべく楽天的に」

ピン太「怖がったら元に戻るわけじゃないですしね」

ゴメ夫「でも、それすら段々コントロール効かなくなってくるんだよ。身体中ビンビンに感じまくってて、頭の中は焦りまくってるし、正気だと自分で思ってるものを維持するので精一杯」

ピン太「そんなときに限って、時間の経つのが遅いんですよね」

ゴメ夫「うん。脳が爆発しちゃいそうで、必死に耐えて耐えて時計見ると、シュボボ

市販の空カプセル。
号数によって大きさが違います

の状態から10分くらいしか経ってなくて、本気で気が狂うと思った。あと4時間も我慢できねえよ!、って」

ピン太「気持ちよさは?」

ゴメ夫「うーん。入れすぎたときはそこまで頭が回らない。もちろんエロのほうに興味を持っていこうとするんだけど、皮膚感覚が凄すぎて、身体を微妙に動かしただけなのに、刺激が百倍くらいに増幅されて戻ってくるような。頭はでっかい手に掴《つか》まれて振り回されてるみたいだし。ゲロも3回くらい吐いた」

ピン太「ベッドで?」

ゴメ夫「近くにゴミ箱があったから、それをたぐりよせる程度の力はあったよ。でも吐きながら、助けてくれえええって、ずっとつぶやいてたなあ。声になってなかったけど……。で、窓から飛び降りたら楽になるだろうなって悪い考えが浮かんできて、慌ててかき消して、また浮かんできて……みたいなのを50回くらい繰り返したつもりで時計見ると、10分くらいしか経ってないんだよね」

ピン太「ハハハ。つらいですね」

ゴメ夫「そんな状況なのにチンコが勃ってるわけよ。気がついた瞬間、本能だけで抜いてしまうんだけど、抜いた瞬間視界が真っ暗になって、ハッと我に返ったあたりから、ようやく自分の意思で自分をコントロールできるようになったと」

ピン太「その後は？」

ゴメ夫「よせばいいのに、この素晴らしい薬を女に試してみたくなって、つきあってる女のマンションに向かったんだよ」

ピン太「いかれてますね」

ゴメ夫「自分では元に戻ったと思い込んでたけど、挙動不審だったと思う。すれ違った奴が何人かこっち見てニヤニヤしてたし。まあ、頭いっちゃってたから、単なる被害妄想かもしれないけど」

ピン太「彼女は飲んでくれたんですか」

ゴメ夫「そんなもん飲むわけないでしょう。悟られないようにいきなりセックスに持ち込んで、散々いじくり倒してぐちゃぐちゃ状態になったとき、アナルに指入れるふりして、家で仕込んどいたカプセルを直腸にそっと押し込んだんだけど……」

ピン太「それ犯罪ですよ」

ゴメ夫「だよね。家で仕込んだときラリってたから、カプセルにどのくらいゴメオ入れたか記憶にないし」

ピン太「そんな状態なのに、ちゃっかりカプセル仕込んで持っていくあたり、狡猾《こうかつ》ですねえ」

ゴメ夫「うん。それで、まあ、色々あったんだけどね。女が素っ裸で外に飛び出そうとするのを羽交い絞めにしたり……。首は回転しなかったけど、エクソシストだよ、エクソシスト」

ピン太「……ありがとうございました。真似する阿呆はいないと思いますが、くれぐれも真似しないように。というか、こんなことする人が増えると、ゴメオが規制されるかもしれませんね」

ゴメ夫「でもさあ、アメリカじゃゴメオが違法化されたっていっても、4-Acetoxy-DiPTとか、似たような別の薬売ってるじゃん。日本もそうなるんじゃないの」

ピン太「それ言っちゃおしまいですよ」

（その後、規制されました。234ページ参照）

【構成・黒沢】

【＊1】沽券にかけても：沽券とは家屋の売り渡し証文。江戸時代には町人の身分を象徴するステイタスだった。よって「自分のアイデンティティに関わる問題という意味」だそうです。

【＊2】中国の山間部：四川省とか雲南、シルクロード。

【＊3】アレクサンダー・シュルギン：米化学大手のダウケミカル社で研究員を務め、20の特許を取る。その後、MDMAや2CBなど、多くのサイケな物質を合成。現在はコンサルタント業の傍《かたわ》ら、サイケ・ドラッグの研究や出版活動をしている。

【＊4】ぼったくり価格の店も多い：店によって値段が違いすぎ。いちがいには言えないが、おどろおどろしい店ほど高いような……。

【＊5】重要なローションの塗りなおし：忘れてしまうと、腸の粘膜とエネマグラの表面に潤滑性がなくなり、ぴったり貼りついて難儀する。そうなってしまったら、決して無理やり抜こうとしないこと。隙間から潤滑剤を入れつつ、根気よく動かそう。

【＊6】デパス：吉富製薬が開発した抗不安剤。鎮静催眠作用や筋弛緩作用もあり、ノルアドレナリン再取込阻害による抗うつ作用も認められている。作用は6時間程度の短時間型。不安や緊張症状に対しても有効だが、集中力低下、頭痛、めまい、脱力感などの副作用がある。

【＊7】タミヤ調色スティック：実売価格299円くらい。プラカラーの色を混ぜたりするのに使う道具。耳掻き状の先端部分が微妙に膨らんでいて、目分量で薬の量を計るのに重宝する。総生産量の1／100は本来の用途以外に使われているのではないだろうか。

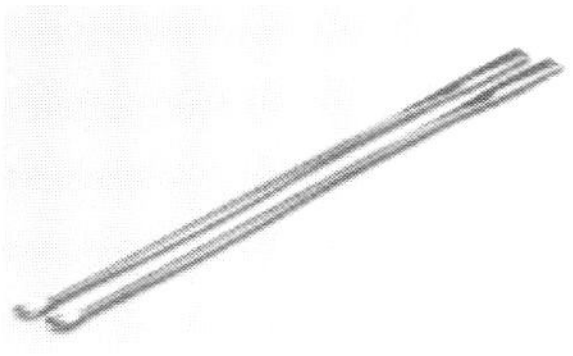

タミヤ調色スティック

ゴメ夫さんの彼女想像図

ケミって底上げ、乗り越しドライ

初めてのエネマグラでイキまくる人もいれば、一年やってもいまひとつ、諦めかけていたりと様々である。

ところで、使用の是非を問う声はあるものの、ゴメオ、すなわち5-meo-diptという薬品が、エネマグラのレベル底上げに並々ならぬ効果を持っている……というのは、エネマグラ愛好者の間では周知の事実となっている。

ひどい熱で苦しんでいるとき、人はふと考える。薬イコール毒。何事も自然の力で治すのが一番。そういえば死んだお爺ちゃんがしょうが汁飲めって言ってたっけ……。でも、薬でスパッと熱を下げるのも悪いことではない。要は考え方次第である。

ゴメオの概要については、前項の「禁じられた遊び。合法ドラッグでマスターベーション」の項を参照していただくとして、ここではエネマグラとの併用について考えてみたい。

レベル3から4で延々と停滞し、「ドライだなんてウソ?、ひょっとして俺は騙されてるんじゃないか?」と人間不審に陥った人でさえ、ゴメオを一発キメた瞬間いきなり2段階ものレベル底上げを体感。「みんなを疑っていた俺が悪かった!」と、今度は自己嫌悪に陥ってしまうという話も語り継がれている。どちらにせよ罪な薬だ。

金はかかるが、ゴメオだけでも充分気持ちいい。チンコの先ならずとも、前歯の生え際をなでるだけでよがり狂うことも不可能ではない。わざわざエネマグラと併用せずとも……と思うこともままあるが、忘れちゃいけないのはゴメオがあくまで試薬ということだ。

副作用も効果もきちんと研究されておらず、素人は個人の体験談を参考にするしかない。むろん、何の統計データも存在しない。飲みすぎてクルクルパーになろうとも、全裸でコンビニへ殴りこみ、おでんの鍋にチンコを突っ込んで大火傷《やけど》しても、全ては誤飲した本人の責任となるのである。

また、エネマグラとゴメオがあちこちで併用されるようになると、ドラッグ否定派のエネマグラ愛好者までがヤク中扱いされるのではないか……。つまり、エネマグラのイメージダウンにも繋がるとして、ゴメオ乱用に対し反発の声もある。

エネマグラのレベル底上げに効果があるのは事実としても、こんなものを「使用せよ。使用せよ。」と勧めるのは無責任もいいところ。勧めまくって市民団体から攻撃されるのもうざいし……ということで、本書ではどちらかというとネガティブに扱おうと秘密会議で決定しています。

というわけで、ゴメオがキマった状態では全身の皮膚感覚が超鋭敏となるが、アナルや乳首、前立腺も例外ではなく、メーターを振り切るくらい感度が上がってしまう。

ドーピングでビンビンの前立腺にエネマグラが当たれば、気持ちいいのは当たり前。おまけに乳首やアナルの性感も数倍にパワーアップしているうえ、精神的にも開放された状態なので、シラフ時と比べレベルが上がりやすい。

だけどそれは、あくまでもドラッグによって築かれた「砂上の楼閣」【＊1】でしかないので、薬がキレるとともに脆《もろ》くも崩れ去ってしまう。

で、でも、一度でもレベル7まで行ってしまうと、前立腺が快感を記憶しているのか、不思議なことに生涯ゴメオシラフの未経験者よりも比較的簡単に高レベル状態を再現できてしまう、たとえば……。

1：昨日までレベル4止まりだった人が、ゴメオ投入で一気にレベル6まで底上げ。
2：翌日、シラフ状態なのにレベル5を達成。
3：再度のゴメオ投入で、いきなりレベル7（ドライ）が！
4：うがっ。いつの間にかシラフでもレベル6まで行けるようになったぜ。もうひといきだ！

……こんな感じで、底上げ時に学習した高レベル状態を機軸に、シラフでも高速ランクアップできるという利点があり、軽蔑してばかりもいられない。

ゴメオで全身性感帯人間に変身し、同じくウルトラ状態のスーパー前立腺をエネマグラで刺激することによって、開発のスピードが普段の数倍（から数十倍）に早まり、シラフ時のプレイにまで効果を及ぼすのでは……という説が、今のところ有力だ。


こう書くと、まるでいいことづくめの話だが、肝心のゴメオは日々市場から消えつつある。

2003年10月18日より、新たに3つの合法ドラッグが麻薬に指定された【＊2】ことを受け、巷の合ドラ業者が一斉にゴメオ販売自粛を始めたのである。

とりあえず、ゴメオは先に規制された3つの薬物と関係ないのだが、愛好者の集まる掲示板などでは「次はゴメオが規制される番だ！」という声（震え気味）があがっており、買いだめに走る人も大勢いたようで、宅配便のお兄さんも大忙しだった。

事実、アメリカでは少し前から違法薬物に指定されているし、日本でも「カプセルにゴメオを詰めた形態で販売するのは、現状でも薬事法違反」といった記述が「ダメ・ゼッタイ」系のサイトで見られるようになったことで、そろそろこの業界も終わったな……と、合ドラ販売業務から撤退する店も少なくなく、貴方がこの文章を読んだときには、すでに手に入らなくなっているかも【＊3】。

ともかく、合法・非合法関わらず、薬物を入れて前後不覚のまま尻にエネマグラを突き刺して何か大それたことをしでかし、事件となったのがきっかけで石原慎太郎が「こんなもの、東京では売らせない！」と怒鳴り、エネマグラにまで法規制がかかる……ことは未来永劫たぶんないと思うが、そうなったら大変なので、ユーザーのマナーと自制が求められる今日このごろである。【黒沢】

【＊1】砂上の楼閣：砂の上に建てられた高い建物のこと。一見立派に見えても不安定でくずれやすい物事の例え。

【＊2】新たに指定された麻薬等：http://www.kenkou.metro.tokyo.jp/yakumu/m-sitei/index.html

【＊3】すでに手に入らなくなっているかも：221ページにも記しましたが、法規制がかかりました！ ゴメオもAMTも麻薬になっちゃった……。詳しくはこちら。http://www.fukushihoken.metro.tokyo.jp/yakumu/m-sitei/5meo.html

エネマグラ・コラム04
ドライ・オーガズムへの別の近道。香りグッズ、あれこれ。

靴下を洗わない女子高生のルーズソックス。異臭を肺いっぱい吸い込み、地面をゴロゴロ転がっているだけで、おいらのあばれはっちゃくは背筋を伸ばして直立し、ついでに乳首も勃ってくる。

このように、ある特定の香りで性欲が刺激される人は幸せだ。そうでない人も、この項を参考に気分を切り替えるスイッチとしての香りに注目していただきたい。

と、その前に、催淫効果のある香りを分類してみよう。ひとつはそのものズバリ、どんな男も淫乱に仕立て上げる興奮爆発なアドレナリン系の香り。

もうひとつは、気持ちを落ち着かせ緊張を解し、幸福感を感じさせるふわふわなエンドルフィン系の香りだ。

どちらがオナニーに適しているだろうか……。決して一方にこだわらず、興奮・発情させてから、さらに幸福感を与えるという具合に組み合わせてもかまわない。

ドライ・オーガズムに達するには、リラックスした上でいかに生活感を排除するか、がポイントになる。普段嗅いだことのない香りで頭を切り替えるのは極めて有効な方法だ。

興奮爆発アドレナリン系：麝香《ジャコウ》（ムスク）

中国・ネパール・ブータンの山岳地帯に生息する小型の鹿・麝香鹿（ジャコウジカ）のオスは、発情期になるとほとんどブチ切れ寸前の勢いで猛《たけ》り狂い、メスをおびきよせるため、強烈な臭いを周囲の山々へ撒き散らす。

臭いを嗅いだメス鹿がひょこひょこ顔を出したら最後。オスは飛び掛ってレイプし、何事もなかったかのように去ってゆく……。

しかし、我々が約一ヶ月分の精液を身体中に塗りたくってから電車に乗り、四本足で歩き回ってフルチンで雄叫びを上げても、女は多分集まってこない。

こと動物フェロモンの類は、感覚・直感的な感覚が衰えた現代人にはあまり効果がないのかもしれない……が、麝香だけは、なんだか知らないが別格なのだ！　人間さまのメスだけではなく、野郎までも反応させてしまう恐るべき力を秘めているのである。

基本的にどんな動物でも性フェロモンを放出しているが、人間に効き目のある成分を含む動物は数えるほどしかいない。

以前メス猫を飼ってたとき、何かのはずみでためしに膣口の臭いを調べてみたことがある。が、胸いっぱい吸い込むどころか、気分は最悪、吐きそうになった。猫もいい迷惑だったろう。

Enemagra Column 04

さて、世の中に香水は星の数あれど、動物の臓器や器官などを原料にしたものは、世界中捜しても僅か4種類しかない。

まずはここまで説明した「麝香」。

続いてはあの徳川吉宗・暴れん坊将軍が捜し求めたが、ついに入手できなかったという麝香猫（ジャコウネコ）が原料の「霊猫香・レイビョウコウ（シペット）」。

そして、ビーバーの性分泌腺から抽出される「カストリウム」。

最後に、マッコウクジラの腸を引きずり出し、かっさばいてその分泌物から作り出した「アンバー」という香水のみだ。

この4種類の中でも、最高にスペシャルとされるのが麝香なのであるが、原料となる麝香鹿は絶滅寸前。ワシントン条約で手厚く保護される稀少動物である。

だったらなんで漢方薬屋で売ってるのか……。

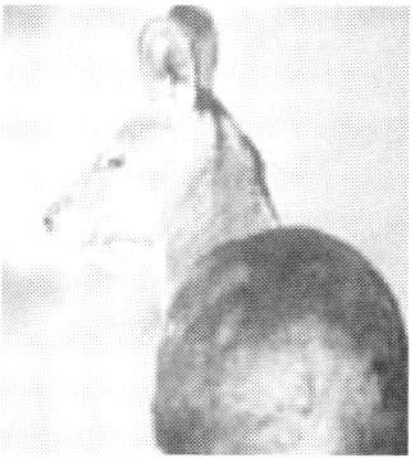

麝香鹿

規制前に捕獲したものを原料にしているとのウソ臭い言いわけ、化学合成の偽物も存在するらしいが、殺すことなく、捕獲して麝香腺分泌嚢からスプーンで掻き出す（10g～50g）という手法もとられているらしい。現物は悪臭だが、千分の1以上に薄めることで官能的かつ肉感的な香りになるという。

沈静ふわふわエンドルフィン系：イランイラン

イランイランはバンレイシ科に属するフィリピン原産の熱帯常緑高木で、ピンク色や薄紫色、黄色の花が咲く。なかでも黄色の花から抽出される精油は高級品として珍重されている。

また、イランイランとはマレー語で「花の中の花」という意味があり、その名の通り美しく可愛らしい花だ。現在はインドネシアを中心に近隣国でも栽培されており、値段も安く手に入りやすい。催淫効果もバッチリのお勧めアロマである。

インドネシアでは、イランイランの花びらを新婚夫婦のベッドに敷き詰め、ムードを盛り上げるといった余計なお世話的風習が今でも残っているらしい。

イランイランの甘い香りが、緊張でガチガチになった初々しいカップルの鼻をくすぐり、猛獣のようにハッスル。ギシギシというベッドの振動音とともに、ひらひらと舞う花びら。なんともロマンチックじゃないですか。

気休めと思いきや、イランイランの香りは脳下垂体を刺激し、興奮物質であるアドレナリンの分泌を抑制。その結果、神経の高ぶりを鎮めてリラックスさせつつ、同時に快楽物質であるエンドルフィンの分泌を促すという。

イランイランを含んだアロマオイルは、香りを楽しむだけではなく、皮膚に塗ってのマッサージにも使用できる。成分が肌から直接入り込み、筋肉の強張りを和らげてくれるはずだ。

ただし、オイルの箱や瓶の側面に「直接皮膚に塗ったりしないで下さい」と注意書きが……。恐らく、原液のままだと刺激が強すぎ、かぶれたりすることがあるためと推測

イランイラン

される（特に柑橘《かんきつ》系はかぶれやすい）。

肌に塗る場合はオリーブ油と配合し、念のため無難な場所に塗ってみて、かぶれないのを確認してから乳首など弄ぶように。というわけで、古人の博識に感嘆しつつ、効果が強力だけに注意深く調整しよう。

沈静ふわふわエンドルフィン系：白檀（サンダルウッド）

仏教とセットでやってきたインド伝来の香木。それが白檀《びゃくだん》。

線香の原料でもあり、高級材木として寺院などの建築にも広く使われている。線香と建物のダブル効果ということで、お寺独特の香りは白檀が作り出していると言っても過言ではない。

インドでは、白檀の香り漂う空間には悪い霊が近寄らないと考えられている。かと思いきや、日本ではエロ住職が女子高生をいたずらしたり、悪い霊が原因としか思えない寺関係の不祥事が多発しているが、それはそれ。あれはあれ。

ところで、そんな白檀の香りに催淫作用があると知ったら、エロ坊主を責める気も失せるかもしれない。原因は香りだけではないと思うが、毎日エロ香水の中で寝起きしているとしたら、普通の人より少々エロくなっていたとしても不思議じゃないだろう。

白檀には「心の興奮を抑え、リラックスさせる」という効果があり、ヨガや礼拝や瞑想に使われている。

リラックスした状態というのは、ゆったり穏やかな気分のこと。つまり、全裸でエネマグラを尻に刺していても、ああ、家族に見つかったらどうしよう！　という不安感・危機感のない状態を指す。なんてステキなことなんだろう！

そんな白檀のアロマオイルを買うとき、百円ショップで売ってるものはちょっと避けた方がよい。冒頭で述べたように、白檀はもともと高価なものだ。つまり、安物は合成品である可能性が非常に高いというわけ。アロマオイルはサンプルのある店で、実際に匂いを確かめてから買うのがベスト。

買いに行くのが面倒だという人は、ひとまず仏壇の線香を手にとり、裏のラベルで原材料を確認。白檀と記載されていたら、試しに火をつけて香りを味わっていただきたい。

仏壇の前で線香を焚きまくり、煙りまみれで背徳のオナニー三昧というのもオツなもの。ティッシュに包まれ、無駄死にしてゆく子種への成仏も兼ねている。

余談になるが、白檀の香りは揮発性が低く、衣服などにつくと洗濯したくらいではなかなか香りがとれないので、取り扱いには気をつけよう。

もうひとつ、白檀の精油には炎症を抑える効果もある。乳首が擦りすぎでヒリヒリしてきたら治療にも使えるってわけだが、ただしイランイランと同様、皮膚に塗る場合はオリーブオイルで薄め、かぶれないかどうかのスキンテストをしてから試してください。

【下条】

白檀

6

第6章

ドライ・オーガズム
探究の旅

エネマグラの総本山へ巡礼の旅をする
パインズ代表・S氏インタビュー

日本のエネマグラ輸入・販売を取り仕切っているという謎の男に会ってみたい……入念な交渉の結果、日本正規総代理店のパインズ代表者・S氏との独占インタビューがついに実現した！

パインズが本拠を置くのは千葉の外房、太平洋を望む某市であった。岸壁に叩きつける白い波飛沫《しぶき》が脳裏をよぎる……。日程・時間などが正式に決まり、張り裂けんばかりの期待で夜も眠れない日々が続くうち、すっかり身体を壊し、当日、わたし（黒沢）は39度の熱が出て、千葉どころか布団からも出られず……。

というわけで、実際のインタビューは共著者の下条君と編集K氏に依頼。練りあげた質問事項を電話で伝えながらの危うい進行となったが、結果的に興味深いお話を色々とお聞きできたようなので、胸をなでおろしつつ、インタビューの模様を収めた1本の録音テープを佐川急便のお兄さんから受け取り、体調も持ち直したので問題のテープをデッキに入れてみると……。

レコーダーの置き場所がまずかったのか、当事者の話よりも後ろの席（取材は某デニーズで行なわれました）に座ったババアの声とか店内のＢＧＭが鮮明に収録されている！

だ、大丈夫か!? このテープ……。ウッ。ゴホッ、ウホグホグホ！

驚きで一瞬咳《せき》が止まらなくなったものの、間もなく周りが静かになってゆき、パインズ代表・S氏の声がよく聞き取れるようになった。さて、真昼間の騒々しいデニーズを宇宙空間のごとき静寂に陥れた話の内容とはいったい!?

エネマグラ誕生、秘話

――こんにちは。今日のところはまず、Sさんが最初にエネマグラをお知りになった経緯から教えていただきたいんですが。
S氏：その前に、エネマグラの発明者が日本人というのは、ご存じですか？
――は……、実は噂で少しだけ聞いたことがあるんですが。
S氏：2ちゃんねるでしょ？ どうも製品に刻印されているパテント・ナンバーからわざわざ調べた人がおられるようで。ハッハッハッ。
――そ、その通りです！
S氏：アメリカのテキサス州に高島さんという日本人がいらっしゃいましてね。エネマグラの発明者はこの高島さんなのですが、実は私とは色々な縁があって、古い知り合いだったわけです。

——なるほど。

S氏：高島さんは1998年頃にエネマグラを発明されたそうです。当時のアメリカで「すごいんだよ……」という話をご本人からうかがいまして。「これで前立腺の病気が治った」とか「痔にも効果がある」とかで。

——痔にも効果あるんですか？

S氏：痔というのは肛門部のうっ血が原因なんですが、適度に肛門を運動させることで、血行がよくなるんですよ。

——あっ。たしかに言われてみればそうですね！

S氏：高島さんはアダルトなものとは関係ない部分で色々な特許を持っていらっしゃって、医療関係のことにも大変お詳しいんです。エネマグラは、アメリカに留学中だった高島さんが、向こうの泌尿器科の医師との会話から思いつかれた、とか。

——で、さっそく売り始めたということですか？

S氏：いえ、できたからそれでいいやってポンポン売るような性格の方ではないんですね……。まずアメリカの方で実験を行ない、日本でも最初は無料モニターを募ってテストを繰り返しました。実際、効果が見られなければ売るつもりはなかったそうです。

――効果というのは、ドライ・オーガズムではなくて？

S氏：本来の前立腺疾患に対する医療的効果です。ドライ・オーガズムはあくまでも予期せぬ副産物なわけですが、まあ、そのドライ・オーガズムのほうに大衆の興味は集中してしまったわけです。

――結果的にはそうみたいですね。

S氏：さておき、前立腺へのよい作用は言うまでもなく、特に副作用もなかったので、正式に発売が決まったというわけです。

――エネマグラという名前の由来は？

S氏：アメリカは日本よりも前立腺の病気を患う人が多いので、向こうでは正式な商品名を決める前から売れていたそうですが、日本はその頃、ちょっとしたバイアグラ・ブームだったでしょ。

――ということは……。

S氏：そう、"エネマ"と"バイアグラ"をかけあわせて"エネマグラ"というわけです。

――そうだったんですか！　ところで話が若干重複しますが、当時のモニターはどんな反応を示しましたか？

S氏：最初はごくごく一部のマニアの方々が細々と感想を述べてくれていたのですが、

インターネットですぐに噂が広まって、ものすごい反響が返ってきました。実はこのすぐ後（1999年）、正規品ではないエネマグラが出回り始めたんですが……。

――その話については後ほど詳しくお伺いするとして、開発元であるアメリカＨＩＨ社というのは、どんな会社なんでしょう。

Ｓ氏：ＨＩＨは発明者である高島氏の会社なのですが、商売っ気ムンムンという感じではなく、商品の生産数もかなり抑えられているんですよ。アメリカでも自社サイトでの直販がメインで、卸は限られた数箇所のショップに対して行なうのみです。

アフリカにもエネマグラ同志が！

――どうも、インターネットでの熱い盛り上がり方を見ていると、日本のエネマグラ・ファンは相当コアな感じがするのですが、他の国での反応はどうですか？

Ｓ氏：エネマグラという名称は日本だけのもので、諸外国では主に〝アネロス（ＡＮＥＲＯＳ）〟という名で販売されています。現在はアメリカ・英国・日本で大々的に販売していますが、その他の国からも引き合いがあります。韓国やオーストラリア、イタリアからも、噂を聞いて「ぜひ購入したい！」という申し入れがありましたし、アフリカにも出荷されているようです。

――アフリカ大陸ですか！

S氏：ええ。アメリカのほうには、アフリカ人からの体験レポートも寄せられているそうですよ。

――勝手な想像ですが、やっぱり体格の立派なアフリカ人は、ＥＸじゃ少し物足りないんですかねえ。ドルフィンＢＩＧ（０８０ページ参照）あたりじゃないと満足できないとか？

S氏：日本人と欧米人の体格の差というのはけっこうありますが、ただ実際のところ、「身体が大きかったらヘッドも大きくなければならない」ということはないんですよ。それよりアバットメント（前足の会陰部指圧部分）の位置調整のほうが難しいようです。

――そういえば、現行のＥＸシリーズはオール・プラスチック製なわけですけど、足が針金状になっているドルフィンとか、あのへんの旧モデルはずっと売り切れ状態が続いてますすね？

S氏：実のところ受注は山ほどあるんです。もちろん数は少ないですが、入荷もしています。ただ、何百個入荷しても、バックオーダー分ですぐになくなってしまう状態なのです。

――どうしてたくさん作らないんですか？

S氏：すでにお話しした通り、ＨＩＨ社ってあまり商売っ気がないんですよねえ……。アメリカ側のテストでＥＸとＥＸ２の性能が高いという結論が出てしまって、結果的にＨＩＨ社が旧製品を市場に出したがらない、というわけなんです。

――うーん。でも、ＥＸシリーズでは物足りないという人も絶対にいるはずですよねえ。

S氏：情報のやりとりがあまり盛んではなかった頃など、特にその傾向が強かったですね。エネマグラは「動き」が重要で、動くためには大きすぎると逆効果になる……というのが、最近ではほぼ常識として認知されてきましたが。

――なるほど、たしかに情報が少なかった頃は「大きければもっと感じるはずだ！」みたいな、大きいことが美徳とされる価値観が強かったですね。

S氏：エネマグラの目的とはちょっと違いますが、動きよりも直腸壁の圧迫感を楽しむマニアの方もいらっしゃいますからね。

――ともあれ、ＨＩＨ社って職人気質の会社なんですね……。

S氏：職人気質といえば、足が針金タイプのドルフィンってモデルがあるわけですが、発売後に一度、ヘッドの形を微妙に修正されているんですよ。テストの結果、そのほうが効果が高いということがわかりまして。

――その修正前と修正後で、ドルフィンの売れ行きは変わりました？

S氏：うーん……。注文が少し増えたような気はするんですが、正直私にはよくわかりません。それくらい微妙らしいのです。

正規品を使いましょう……

――なるほど。微妙といえば話は戻りますが、先ほどお話がありました「正規品ではないエネマグラの問題」について、改めてお聞きしたいのですが。

S氏：はっきり申しあげておくと、日本国内のアダルトショップなどで販売されているエネマグラのほとんどが、ＨＩＨ社やパインズとは全く関係ないものです。品質も違います。

――パインズさんのエネマグラは自社サイトでしか販売していませんしね。それに、米国製のパインズ・エネマグラは、表面にツヤ消し加工が施されているので、一度でも両者を見比べると違いは明らかなんですが、初めての人にはかなり紛らわしいですよね。

S氏：ええ。すでに数年前からＨＩＨ社がそれらの業者に対して訴訟を起こしています。現在も裁判が続行中です。近いうちに状況は変わってくると思いますが。

――いわゆる「怪しげなエネマグラ」にもＨＩＨ社の刻印があったりするので、知識のない人は何の疑いも持たないと思います。ま、非-オリジナルはツヤツヤでローションのノリが悪かったり、仕上げが甘いものだと、かなり激しいバリがあったりするわけですけど。

S氏：そうです。知識のないお客さんはどれが本物でどれがそうでないのか、わかりませんよね。うちでは今のところ、自社サイトでの直販のみですし、卸もほとんどしていません。

――では最後にエネマグラ・ユーザーや、その予備軍である本書の読者に向かって、Sさんからメッセージを……といっても、「とりあえず正規品を使ってくれ！」ということにつきるのでしょうか？

S氏：もちろんその通りです。あと、最後にもうひとつ。まだこれは、うちにも正式に通告されていないのですが、近々新しい製品がアメリカで発表される予定でして、もちろんこれまでと違った形で、効果の方も期待できるそうなので、こちらもお楽しみに。それからこれは、エネマグラ・ユーザーの皆さんの多くがインターネット等で熱心に情報交換をされていますが、ドライ達成のために色々と試行錯誤されるのはけっこうですが、あまり偏った方向に凝りすぎるのもいかがなものか？ とも思います。

――「節度を守って楽しんでください」ということですね。今日はどうもありがとうございました。

〈追記〉

インタビューの最後に、物腰やわらかなSさんからお土産をいただいた。袋を開けると、これまでパインズが編纂《へんさん》した数々のエネマグラ資料とともに、発明者の高島氏から寄せられたメッセージが……。

長いので全文紹介できないのが残念だが、高島氏は現在もオーガスムに関しての調査を続行中。さらには男性・女性双方に対応する「次世代エネマグラ」とも言うべき新製品の開発を、ほぼ終了したという。

謎の新製品もエネマグラと同様、バイブレーターでもなければディルドでもなく、蠕動運動を利用して、体内でひとりでに動く仕組みとなっているそうで、こちらの正式発表が待たれるところである。

【インタビュー：下条&編集K氏、構成：黒沢】

＊参考：米国H－H社アネロス・エネマグラ総輸入・発売元、パインズカンパニーの連絡先

ウェブサイト：http://www.bii.ne.jp/pines/enemagra

電子メール：enemagra@bii.ne.jp

フリーダイヤル：0120－989－278（ご注文・お問い合わせ）

エネマグラな伝道師たち「まるる氏とエネマグラの小史」(好き好きエネマグラ管理人・まるるさんに訊く)

インターネットで、多少なりともエネマグラについて調べたことのあるお方なら「♪好き好きエネマグラ♪」というサイトを一度ならず二度三度と読みふけった経験があるに違いない。

サイト管理者の「まるる氏」は、いまやエネマグラ界の有名人。氏がまとめあげた各種ＦＡＱは、迷えるエネマグラ及び前立腺初心者たちに、暖かい叱咤激励《しったげきれい》や福音を与えてきた。まさに、エネマグラ信者の経典と呼ぶにふさわしいものである。

連日活発な意見交換の交わされるエネマグラ掲示板もまた、性なる開拓者たちの血と汗と前立腺液のにじんだ試行錯誤ドキュメントとして、愛好家ならずとも必見である。

今回まるる氏のご好意により、氏がエネマグラと巡りあったきっかけ、快感追求の足跡、サイトを作った動機などについて話をうかがうことができた。

「おそらく、肛門に何かを入れるという行為自体に興奮を覚えていたのでしょうね……」

まるる氏が初めて肛門に異物を入れたのは20年前のこと。性の開拓者として肛門は避けて通れない道であったが、指や物を入れても異物感、圧迫感はあれ、残念ながらそれ以上の快感を感じることはなかった。

しかし、かわりに不気味な興奮作用を自覚したことから、肛門への興味は失われることなく今に至っているという。

人間、百歳まで生きたとしよう。一生のうち、肛門から何かを出すことがあっても、自分から何かを入れるなんてことは医療行為以外、変態のすることと言われていた昭和の時代。後ろ暗い興奮は、神様のくれた見返りなのだろうか。

さて、そんなまるる氏がエネマグラと巡りあったのは、西暦2000年夏のことである。その道では有名な「A（仮名）」という店のネット通販サイトにて、エネマグラという怪しげな器具の「画期的な効能」が熱く語られていた。

当時、エネマグラは非常にマイナーな存在で、エキセントリックな効能は真偽のほども定かではなく、民衆からは色眼鏡で見られていた。だが、「画期的な効能」とやらに心を奪われてしまったまるる氏は、モノは試しと購入を決意。数日後、配達されたエネマグラに即日勝負を挑む。ところが結果は惨敗……。

期待とは裏腹に、宣伝されていたような究極の快感を実感することはできなかった。

肩を落とし、敗北感に打ちひしがれつつも、プラスティックの固まりを水洗いするまるる氏。

だが、諦めないのが先駆者の先駆者たる所以《ゆえん》だ。この日を境にまるる氏とエネマグラの長い旅が始まった。

毎週1〜2回の頻度で修行をはじめ、前進しては後退をひたすら繰り返す。いつしか3ヶ月の月日が経過していた。

この頃、業界全体でエネマグラが何本売れていたのかは定かじゃないが、ネットで検索しても情報源は限られていた。恐らく唯一のコミュニティとして数少ない愛好家に知られていたのが、購入元であるA店のサイトに設置された掲示板であった。

掲示板では、究極の快感に辿り着けない欲求不満な求道者の卵たちが、ドライを達成した師（マスター）に群がり、快感の鍵を知ろうともがきあえいでいた。まるる氏もその中のひとりだった。

この年の秋、まるる氏の耳にとある情報が入る。氏の愛用しているA店お勧めのエネマグラが、ＨＩＨ社（開発元）の正規品ではないという衝撃の事実だ。

まるる氏はさっそく「エネマグラ正規輸入元」の看板を掲げるB店のサイトからも「エネマグラＥＸ」を購入して2つを比較。B店エネマグラのつくりのていねいさに驚くとともに、B店のいわゆる「正規エネマグラ」をお尻にそっと入れてみたところ……。

「感じまくりで感動しました。今までたどりつけなかったレベル5まで、一気にいってしまったんです」

不信感を募らせていたA店のエネマグラと比べ、あまりの違いように開いた口がふさがらないまるる氏。おすすめの使用法もコツも秘訣も、商品の選び方すら、多くは語られてなかったエネマグラ暗黒時代のことだ。

それでもレベル5止まりだった氏だが、快感体験を掲示板で告白するや、男どもから寄せられる質問の嵐に再びたじろいだ。ドライどころかレベル5ですら、到達できない子羊がいかに多かったか……。当時の混乱ぶりがうかがえる話である。

こうして、次第にエネマグラが一般庶民の話題にのぼるようになり、出荷本数が増えるに従ってまるる氏も忙しくなった。B店の掲示板をはじめ、A店の掲示板。さらには2ちゃんねるのエネマグラ・スレッドにも遠征し、ひたすら質問に答える日々を過ごす。

「この頃、ある種の合法ドラッグとエネマグラの相性のよさに気づいたんです」

まるる氏は手始めに、ある種のリキッドタイプの合ドラ【＊1】を、時おりエネマグラと併用してみたという。それなりの底上げを実感しつつ後紆余曲折あって、翌年の夏にとある合法ドラッグとエネマグラの相性が抜群であり、コスト・パフォーマンスもよいという結論に至った。

この合法ドラッグ【＊2】での強烈な底上げを経験したのち、強力なレベル6を会得したまるる氏。しかし、レベル7（ドライ）にどうしてもたどり着けない……という、いきづまりの膠着状況が暫く続いた。

「この頃はレベル6が限界でしたが、使いはじめて1年後（2001年夏）にエネマグラ初心者FAQを書いてみました。きっかけですが、あちこちの掲示板が同じような質問で埋まり、親切な熟練者たちがその度に同じような回答を繰り返す状況、これを打破したいと考えたからです」

まるる氏自身、アクティブ・ユーザーとして名が知れ渡っていたため、掲示板のみならずメールで寄せられる質問も多かった。

当初はレスや返事を一生懸命返していたまるる氏だが、質問の量は増加の一途をたどり、仕事や日常生活に支障をきたすまでに……。悩みぬいたまるる氏が解決策として思い立ったのが、初心者向けFAQの掲載だったのである。

結果、まるる氏の記した「エネマグラ初心者FAQ」は、全国のエネマグラ・ファンに道筋を示し、愛好家の間で大変な反響を得た。とともに、「まるるさん、僕に実地指導してくれませんか?」という薄気味悪いメールの量も減ったそうだ。

続いて「5-meo-dipt初心者FAQ」を製作(現在このコンテンツだけ公開停止)。また、エネマグラや合法ドラッグだけでは飽き足らず、返す刀で尿道にカテーテルや電線の挿入を試み、何度かの尿道炎・膀胱炎を経験したのち、注意点や工夫、寄せられた質問等を総合した「尿道刺激初心者FAQ」を発表。

異色の前立腺開発法ともいえる「前立腺初期化」を試みる人々に向け、尿道のあれこれを総合的に解説したまるる氏は、ふと未開発だった自己の乳首に着目した。

「よく考えたらオナニーのとき、自分の乳首を刺激した経験がなかったんです。むずがゆい程度で全く感じませんでしたし」

さっそく調査を開始。とある乳首掲示板の盛り上がりを見て、乳首刺激のよさを再確認したまるる氏は、いよいよ乳首開発にゴー・サインを出す。

敏感化に取り組む際、感じもしないのに延々刺激するのは面倒なものである。そこで氏は乳首いじりの傍ら、2〜3日に1回のペースで女性ホルモンのクリームを塗り、これを数週間続けた。

「ヒメロス【＊3】という女性ホルモンを乳首に塗り、エネマグラ使用時はできるだけ乳首刺激をするよう心がけたところ、かなり感じるようになりました。今では、乳首快感と前立腺快感が、かなりの部分で連動していると実感しています」

そんな氏がようやくレベル7（ドライ）の世界に足を踏み入れたのは、FAQの公開から約半年が経過し、年が変わった2002年1月のこと。もはやドライ達成を諦めかけていた矢先であった。

「正直、ドライは諦めていました。レベル6でも充分気持ちいいんだから、イクことばかり考えずに快感そのものを楽しもうと、そういう心境に変わってからのことです」

ドライを達成した後も厳しい鍛錬を続け、時間はかかったものの、合法ドラッグの助けなしでもレベル7の世界へ到達したまるる氏。現在は乳首刺激だけでオーガズムを迎えるための手法を編み出すべく試行錯誤しているそうだ。

「私自身の問題は大方解決したような気がします。しかし、ネット上の色々なエネマグラ掲示板の状況を見ると、昔とあまり変わってないように思えるんです」

たしかにオーガズムは勉強やスポーツと違い、感じ方は人によって様々。知識だけではどうにもならない部分が山ほどある。

疑問を問いかけ、他人の導きに頼るのも悪いことではない。だが、自分ならではの新しい道を切り開かんとする魂、探究心と実行力も大切であると強く感じる。

皆さんも、思いついたら即実行。死なない程度で人体実験を繰り返すチャレンジ・スピリットをどうか忘れずに。

失敗談でもいい。進んで自己の体験を語ることで、悩めるエネマグラ仲間たちがドライの境地へ導かれると信じ、いいアイディアがあったらぜひ、情報を共有していこう。

【構成・黒沢】

【＊1】リキッドタイプの合法ドラッグ：現在は薬事法のからみで販売を自粛する店がほとんど。成分はものによって様々だが、基本的にはガラナ（カフェインを大量に含む）、カバカバ（興奮作用）、カットワーパ（媚薬として使われる）など、南米系の植物エキスが多く含まれている。

【＊2】この合法ドラッグ：文脈から一目瞭然ですが……。当時は合法だったものの、2005年4月より麻薬に指定されたため、ここでは名を伏せさせていただきます。

【＊3】ヒメロス：女性ホルモンの一種であるエストロゲン（エストラジオール、エチニルエストラジオール）を配合した医薬用軟膏。本来女性用だが、男性の乳首へ塗布しても効果があり、性感の高まりを促進してくれる（即効性はないので根気が必要）。ただしホルモン剤なので、乱用は危険である。

リキッドタイプの合法ドラッグ
（現在は購入できません）

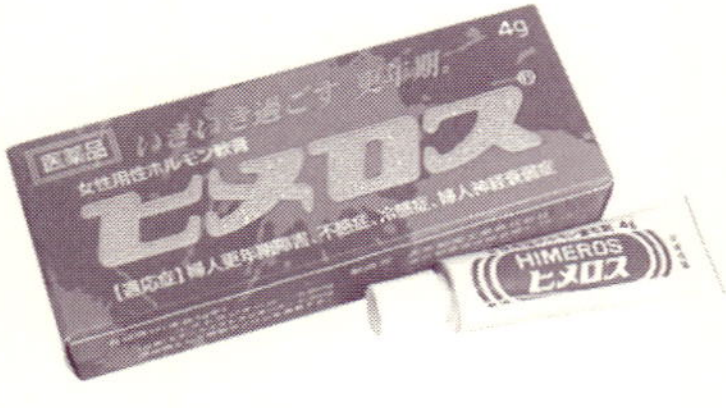

医療用軟膏ホルモン剤、ヒメロス

エネマグラ風俗体験記。もしもし、前立腺のプロを頼む

エネマグラを買って5回ほどエネってみたものの、ドライに達するどころか「薄暗い部屋にこもって、いったい何してるんだ！」と家族（特に父親）から疑われ始めてしまう始末。

疑惑を持たれてからというもの、落ち着かないこともあってか、これという気持ちよさが全く得られず、あるのは直腸内の異物感のみだった。

指先にコンドームを装着し、尻の穴から指先で前立腺を弄ってみても、コリコリとした場所自体は確認できるのだが、指の長さが足らず届くか届かないかで、敗北感もひとしお。

中指があと10センチ長ければなあ……などと、ないものねだりをしてもしょうがない。いっちょう、指先の魔術師が在籍するというプロの店へ行ってみっか！ プロなんだから気持ちよくしてくれるはずだよな。気絶したらどうしようムヒッ。想像は果てしなく膨らんでゆく。てなわけで行ってきました性感マッサージ店。

風俗で重要なのは店選び。重たい金玉でダウジング【＊1】しながら場末の繁華街を練り歩いていると、いつしか風俗店無料案内所【＊2】に行き着いた。

壁一面に貼られた風俗チラシの群れから「前立腺M」という単語を探し、割引券をもらって店に向かう……。こんな行き当たりばったりの店選びは絶対しないように。

相手は人間。運よくアタリを引く可能性もあるだろうが、前立腺マッサージは尺八やアナルセックスと違い個人技術であり、指が5本あれば誰でもよいということはない。ましてや顔・スタイルなど重要ではなく、ブスだろうが頭が2つあろうが、職人技さえ持っていればいいのだ。

だが、現場ではついつい見た目で選びがち。誰だって腕が3本よりも2本のほうがいい。また、案内所には他の風俗チラシも山のように貼ってあるので、気が散ったあげく、勢い余ってパイパン・ヘルスの割引券を握ってしまう可能性も高く、衝動的に風俗店を選ぶことはお勧めできない。

性感店の情報はインターネットで調べるのが定石だ。しかし、なぜか前立腺攻めを売りにする店は少ない。無店舗のデリバリ性感が多いのは、専業の職人がそれだけ稀少な存在だからなのか。

そんなことを考えつつ、とある老舗の性感マッサージ店をピックアップ。電話で詳しい話を聞いてみた。

某店のシステムはこうだった。鼻息荒く電話で予約を入れ、指定されたホテルの中でウロウロしたりテレビを付けたり消したりしながら美療師【＊3】の到着を待ち、体を預けてアンアン感じまくって身悶えて、時間がきたら何事もなかったかのように治療完了という流れ。

最近ではエネマグラの追加オプションなんていうものもあり。値段は90分で1万5千円也。ホテル代は別会計である。

それなりに高く、治療といっても健康保険は利かないのだけれど、ドライへの早道となればということで、思い切って予約をいれることにした。

まずは人選である。年齢・容姿は問わない。あえて年金受け取ってるような歳でも、失敗した福笑いのような面でも何でもいいから、とにかく前立腺マッサージのプロを

の街に
電気が走る
創業22年、信頼・実績・安心の店
全部で15000円（80分）
（パウダー・ローション・再春性感・女装…）
♥長時間快感♥
LA直輸入
五反田A革命
エネマグラ
貴方にお贈りする究極のAプレイ
A好きにはタマラナ〜イ♡
ほかでは体験できないドライオーガズムを
楽しんで下さい。
東口　営業AM11時〜　年中無休
性感
美療
☎03-
東スポ掲載の広告（本文とは関係ありません）

頼む……と要求。

電話の相手も手馴れた調子で「ウヒヒ、いい子がいますよ」と勧められるまま決定。また、エネマグラの追加オプションも当然のごとく要求し、淀みなく予約を完了した。さっそく期待に胸躍らせ、アナルを震わせながら現場である埼玉県の某駅へ向かう……。

駅に着き、到着した旨を電話で伝える。と、先方は2つのホテル名を告げた。どちらでもお好きなホテルに入りましたら、部屋を取ってから再度お電話くださいとのこと。いわゆるデリバリ系ってちょっと面倒だなあと思いつつも指示に従う。

風俗店が建ち並ぶ繁華街を通り抜け、教えられた2箇所のホテルを見てまわる。料金はほぼ均一で3時間5千円程度。それぞれ建物が洋風と和風で住み分けされており、私は躊躇なく和風を選んだが、ここで問題発生。

店主から「一人客はダメなんですよ」と断られてしまったのだ。俺の顔に「これから前立腺弄《いじ》ってもらうぜ。アヘヘヘ」とでも書いてあったのか、数々の変態を見てきた親父の眼力はたしかだ。

まあ、ショックを受けても仕方ないので、もう一方の洋風ホテルにチェック・イン。フロントのお婆さんは愛想がよく、和風ホテルで受けた心の傷を緩やかに解きほぐしてくれた。部屋の鍵を受け取り、気分が和んだところで部屋に入る。

薄暗い照明の小奇麗な部屋……。そういや真昼間だった。ああ、これからボクはエッチなことするんだ。外ではみんな一生懸命、汗水ジョボジョボ流して働いてるのに。

さっそく性感店へホテルの名前と部屋番号を伝え、前立腺スペシャリストの登場を待つだけ。どんな人が来ても驚かないぞと自分に言い聞かせる。

待っている間に、部屋の有線チャンネルを設定した。「やっぱりリラクゼーション系だよなあ」と色々聴いて、結局「おやすみ赤ちゃん」チャンネルに決定。今日は初心に立ち返り、赤ちゃん気分で感じてみようという趣向だ。

約15分後、フロントから落ち着いた声で「お連れ様がきました」との連絡が来る。精一杯「大胆不敵な男」を装っていた私も、急にタバコに火をつけてスパスパ、指は僅かに震えていた。

未婚の母のテクニック

彼女の名はアケミ（仮名）。見た目40代前半。スタイルは細身で見ようによっては悪くない。顔も化粧が濃いという以外、普通に近所の公園で井戸端会議でもしていそうなバツイチ子持ちだ。

正直に「俺はアナルのよく締まる初心者だけど、今日は前立腺の気持ちよさだけを求めて来たんだ」と伝えると、アケミはホッと軽いため息をついて、

「エネマグラを使うっていうから、どんなド変態かと思ったけど初心者で安心したわ、実は来るの怖かったのよ……」と、胸のうちを告白。一気に2人の距離が縮まったことを実感する。

口数の多い年増。話しやすく気楽な相手だった。これが若い美人だったら緊張しまくりで、おちおち前立腺を任せることもできなかっただろう。前立腺は年増の熟練者に任せるのが一番だ。これは強がりじゃない……うん、きっとそうだ……。

挨拶もそこそこに2人でシャワーを浴び、イソジンでうがいをすませ、ホテルのタオルを巻いてベッドへ。最初はパウダーマッサージから入るのが決まりだという。

ベッドへうつ伏せになると、背中にパパパとベビーパウダーがまぶされた。彼女の指先がパウダーの粒子を触れるか触れないかという絶妙な距離で這い回り、これがなかなかくすぐったく、反射的に身をよじってしまう。いいぞアケミ。

背中が一通り終わると「次はあお向けよ」とのこと。私の小さな乳首を含めた上半身を、背中同様にパウダーマッサージ。ただ、残念ながら「くすぐったさ」が快感へシフトすることは決してなかった。自分は不感症というか、未開発な人間なんだなあと改めて実感する。

これを繰り返していけば敏感になっていくのだろうが、金かかりそうだなあ……と思う間もなくチンコや尻の穴を舐めてもらったりもしたが、本題とは関係ないのでさっくりと省いて次へ。

ようやく念願の前立腺マッサージだ。ワンワンスタイルと脚抱えスタイルの2つから選べるとのことで、脚抱えの情けないポーズで挑むことを決意。

この時、自分にマゾ属性があれば「ワンワンスタイルでお願いします。ヴヴヴヴヴ、ワンワン！」とか興奮できたはずだが、残念なことに私にはそういう属性がなかった。例えるなら年寄りがホームヘルパーに対して抱くような「申しわけありませんねえ。汚いことさせてしまって……」という感謝の心である。

アケミは指先にコンドームを被せ、持参したローションをたっぷり塗りたくり、肛門へも充分な量のローションを染み込ませると、指先をゆっくりと、ゆっくりと私の直腸へ潜り込ませていった。いよいよだ！　期待は高まる。

アケミ曰く「前立腺マッサージだけど、すぐに痙攣して牛みたいなよがり声をあげる客もいるけど、逆にダメな人は全然ダメなのよね」らしい。

そんなときは、同情と哀れみから美療師にあるまじき行為である「スマタ」や「手こき」などで射精させ、満足させたりもするという。しかし、客の方がスマタや手こきを否定することもあり、その手の客は、数万出して射精もせずに帰ってゆくそうだ。なかには「手首まで入れてくれ！」と要求するコアな客もおり、「直腸内部で手の平を上下に動かしてくれ」とまで注文してきたそうだが、実際言われた通りやってあげたらよさのあまり、気を失ってしまったそうだ。

さて、アケミの面白話を聞きながらも、尻の穴には彼女の指が深々と入り込み、もぞもぞと前立腺を責め続けている。やさしく前立腺が撫でられるたびに、チンコはそれなりにピクリと反応するのだが、正直、自分でやるのとたいして変わらない快感度。プロのテクニックに期待しすぎていた分、あまりの淡白さにがっかりといった感じ。そうこうしている間にも時は流れ、残すところあと40分となった。

前立腺が感じなかったショックで自暴自棄になっていた私は、多少投げやりな感じで「じゃあ、次はエネマグラ！」と叫んだ。肝心のアケミは気乗りしなさそうだ。

「あのね、エネマグラを入れたら最低10分間は放置しなけりゃいけないのよ。それでもいいの？」

言われて初めて、制限時間の短い風俗でエネマグラはちょっときついかな……と冷静になりつつも、今回はこれが目的なんです。だから頼んます！　と、アケミの承諾を勝ち取った。

基本マニュアル通り、横向きかつ膝を抱えた状態で固まり、アケミにエネマグラを入れてもらう。

ゆっくり、しかし確実に吸い込まれてゆくエネマグラ。あれ、これって家にあるEXとはちょっと違うぞ。ヘッドが太いからドルフィンかなぁ……。まあいいか……。

室内に流れる癒し系の有線放送が眠気を誘う。が、逆に考えるとアクビが出そうなほどリラックスしている証拠でもあり、α波が出まくっている状態とも言える。期待は持てそうだ。

尻の穴からエネマグラをのぞかせた恥ずかしい姿の私。アケミはそんな私を見つめながら、子守唄のように思い出話を語る。

「ここだけの話、性感マッサージの指導は一日だけだったわ……。指導係の店員は研修でイってしまうとお金を払わなければならないから我慢しまくりでね、私はイかせられなかったな」

「私たちはお客さんに色々教わりながらテクニックを磨いていくの、気持ちよくなってもらえると私も嬉しいわ、昔、年下でマゾの恋人がいてね……」

などと色々と話しかけてくるが、エネマグラに集中したい私は適当に「ハア」「ハア、そうですか」と受け流す。時間はどんどんすぎてゆき、亀頭から前立腺液は出ているものの、特にこれといった快感はない。そのときだ。

「オ、オチンチン、ピクピクしてるわよ！」

アケミが目を丸くして私のチンコを指差した。確認すると、電気を帯びたようにチンコがピクピクしている。でも、気持ちよくないのでは無意味だよ……。で、あえなく試合終了。前立腺の快感がまるで分からないまま、アケミと別れのときがきた。

「い、急いで手コキする？」

アケミが優しい提案をしてくれたが、今回の目的は精液を出すことではない。断固としてそう主張し、さっさとシャワーを浴びて解散。いろいろありがとうございました。で、彼女が居なくなった部屋でひとり寂しく反省会。

エネマグラ使用中に性感マッサージを頼めばよかった……。パウダーやチンポ舐めは全て断ればよかった……。だが、後悔先に立たず。なんだか無駄遣いしたなあ。と、軽くなった財布を見つめ、負け犬気分を満喫する。

関係ないけど「エネマグラを使うっていうから、どんなド変態かと……」というアケミの言葉はショックだった。そうか、エネマグラ＝ド変態なのか！　せめて今回、アケミに対して紳士的にふるまったことで、エネマグラ愛好者に対する風俗界の偏見が少しでもなくなれば本望《ほんもう》だ……と思い、町を去った。

ところで、話はまだ続く。

実はその夜、自宅に戻ってエネマグラに再挑戦してみると、なんと、それまで入れたら入ったままだったエネマグラが腸内で勝手に動き回る。という状態を初めて体験。いちおう私も人間なので「ワオ、動いてる！」と感動はできるのだが、実質的な快感が一切伴っていないのが悔しい。まだまだ開発の余地があるのだろう。それでも、小さいようで大きな進歩である。ドライへの道を着実にステップアップしていることを肌で感じた一瞬でもあった。

このように、レベルアップのひとつのきっかけとして「他人に前立腺を委ねる」のも、それなりの意味があるのでは……と感じる次第。お金の余っている人は一度くらい試してみても損はないかも。

【下条】

【＊1】ダウジング：振り子や色々な形の棒を使い、地下の水脈や金鉱などを探し当てる技術のこと。

【＊2】風俗店無料案内所：いつ頃からか、風俗店の連なる繁華街の中で見かけるようになった施設。各風俗店に在籍する女の子の写真や割引クーポンつきのチラシが所狭しと壁一面に貼り出されている。

【＊3】美療師：性感系の風俗で、特に前立腺マッサージに力をいれている店を「美療系列」と言うらしい。というわけで、勝手に作った言葉です。

作ってみました。自作研究用エネマグラ

エネマグラの目的は前立腺を摩擦・刺激すること……以上！　でも、発売されているものを見ればわかるが、モデルによって形状は様々である。同じ目的ならひとつでいいのに、どうしてこうも形や大きさが違うのだろう。

人それぞれ肛門、直腸の長さ、前立腺の位置は微妙に異なっている。しかし、しょせんは同じ人間なので、体重234キロ（全盛期）身長204センチの曙とエマニエル坊やでも違いは知れたもの。

基本的に直腸の長さ約20センチ。前立腺は肛門から8センチ〜10センチ奥にあるというのが、一般成人男性の平均と某医療サイトで解説されていた。よってこのデータを真に受け、ここでの基準とさせてもらう。

以上を踏まえて、エネマグラ・ラインナップでダントツの人気を誇る「エネマグラEX」を改めて観察してみよう。

ヘッドは効率よく前立腺周辺に当たるよう設計されている。緩やかな曲線を描きながら太くなった部分は、肛門部から直腸内に無理なく挿入するため重要な働きをしている。太すぎても挿入は困難になるだろうし、綿密な計算のもと設計されていることがわかる。

根元のスパイラル部分（肛門刺激用）、会陰部を押さえるツル、尻の割れ目に収まって角度を固定するもう片方のツル……。

ひとつひとつ確認するにつれ、エネマグラEXの完成度に改めて感服し、何本か予備に購入して布教活動したくなる……のをぐっと堪え、適当にオリジナル前立腺マッサージ器を作ってみようと思った。

自由樹脂は文字通り、自由な樹脂だった……

自作はいいが、どういった材料を用意すればいいんだろう。人体への安全性と値段の安さ、加工のしやすさを考慮した結果「自由樹脂」【＊1】というものにたどり着いた。

自由樹脂とは、ポリエステル系のプラスチック造形剤で、60℃以上に温めると柔らかくなり、冷めるとコチコチに固まるという特性を持つプラスチック粘土である。

失敗しても温めれば再びフニャフニャになり、何度でも作り直しや修正が可能。これなら気楽に失敗できるし扱いやすい。また、はじめから色つきのものが何種類も選べるので、塗装の手間も省けるという、よいことづくめの素材である。

しかし、自由樹脂には普通のプラスチックと比較して劣化しやすく、通常3年くらい寝かせると脆《もろ》くなってしまうという欠点もある。強度も通常のプラスチックに及ばないが、肛門括約筋で鉄の鎖をひきちぎるほどのびっくり人間でなければ問題ない。けど、湿った直腸内部に毎晩突っ込み続けたりすると、劣化はそれなりに早まることと思う。延命させるためには、高温多湿及び紫外線を避けて保管するのが一番だが、どちらにせよ、試しに遊んでみる分には関係ない話なので、あまり気にしないように。と、素材の説明はこのくらいにして、さっさと作り始めてみようではないか。とりあえず、自由樹脂の説明書に軽く目を通しておこう。実際、簡単すぎて解説するまでもないのだが、解説しないとこの本の存在意義が疑われるので、以下手順を示す。

【工程1】材料となるのは35グラム入りの自由樹脂が一袋と針金。お湯の入った幅の広い容器。そして、樹脂を掬《すく》い取るためのスプーン。針金を切るときに使うニッパー。これだけ。

お湯の容器はガラス製・ポリプロピレン製やアクリル製、または金属製のものを選ぶこと。変なものを使うと柔らかくなった樹脂が容器にくっついてしまうこともある。ここではガラス製容器を使い、スプーンはステンレス製のものを用意した。

あと、お湯は少し多めに用意して、予めポットなどに入れておこう。できれば、再沸騰機能付きの電気湯沸しポットがあると心強い。火傷に注意してね!

【工程2】下準備として針金を適当な長さに切断し、足の形に曲げておく。針金は固めのものがお勧め。金属アレルギーなど起こす人もいるので、ここではビニールで覆われた直径3ミリの針金を用意した。

肛門から会陰までの長さを計り、前足のツルが正確にツボをヒットするよう調整する。あまりピンポイントに圧迫すると痛いので、触れるか触れないか程度がよろしい。で、会陰に当たる部分を丸く曲げておく。お好みで先端に樹脂をのせてもけっこうだ。

後ろ足、前足、どちらかのツルを省略する人もいるが、必ずどちらか一方のツルは作っておくこと。本体のみでツルなしの場合、肛門内にボディ全てが吸い込まれてしまい、病院送りになる可能性が高いので注意。

【工程3】いよいよ自由樹脂の封を開ける。用意したお湯を容器へ注ぎ、いったん容器を温めてからお湯を捨て、再び新しいお湯を7分目あたりまで満たす。

続いて自由樹脂の粒を容器に注ぎ込む。袋の中身を全部入れてしまっても構わないが、ほんの少し残しておくと、後で気泡の穴埋めなどに使えるので便利。大体35グラムの袋ひとつでエネマグラ一本分。形によっては若干余るくらいである。

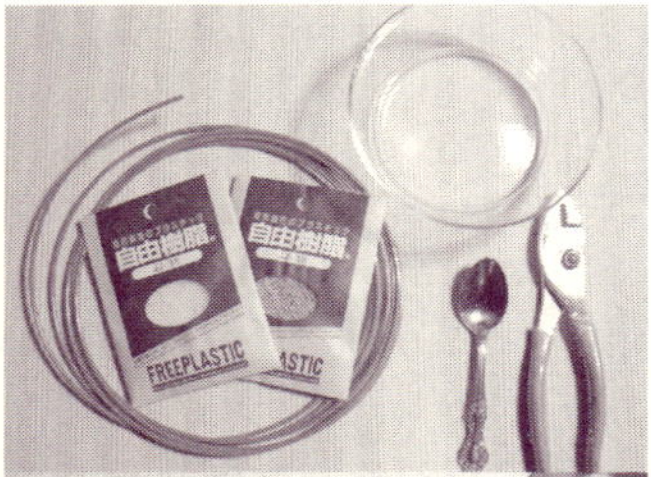

［工程1］

［工程2］

［工程3a］

［工程3b］

［工程4a］

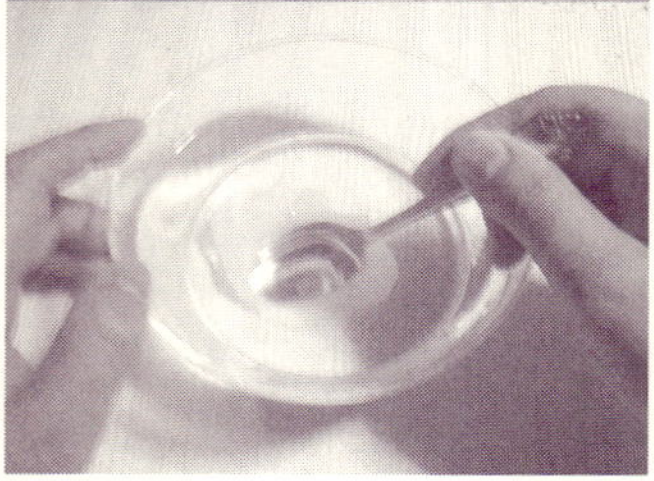

［工程4b］

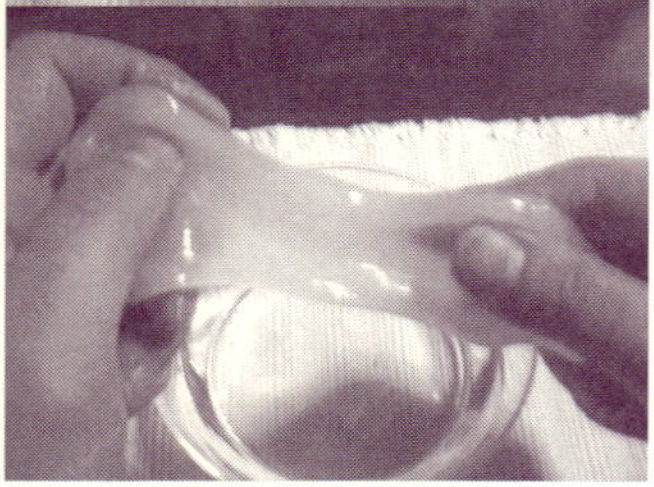

［工程5］

【工程4】お湯の中に自由樹脂を投入すると、小さな粒々が次第にぐにゃぐにゃしてゆく姿が見える。そのまま放って置いてもいいが、スプーンの背を押しつけてこねまくろう。手っ取り早く指でこねたくなるが、火傷するので最初はスプーンで！

【工程5】ある程度こねて大きな塊になってきたら容器から取り出す。すでに粘土状態になっているので、手の平の上でのばしたりしながら形を作ってゆく。事前に完成品のイメージがあるとやりやすい。

【工程6】ボディの形を整える前に、ツルの部分をしっかり固定してしまった方が後々ラクになる。針金で形を作ったツルの部分を、帯状に延ばした自由樹脂でぐるぐる巻きつけよう。後ろ足と前足のツルが水平に固定されるよう調節すること。

ここで一度、冷水をかけて自由樹脂の温度を下げ、完全に固まった状態を再現してみる。ここでツルが動いてしまうようならもう一度温めてやり直し！

【工程7】自由樹脂とツルがしっかり固定されているようであれば、再度お湯につけてボディの成型にとりかかる。温めつつも、お湯から時々取り出して硬さをチェック。ちょうどいい具合に柔らかくなったのを見計らって、設計図等を参考に形を整える。

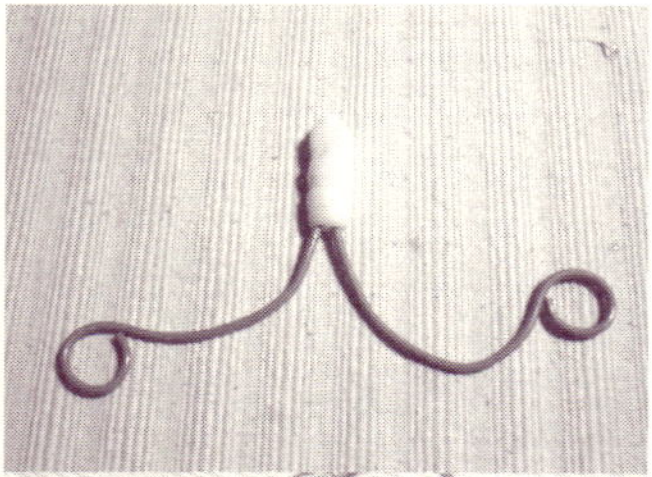
[工程6]

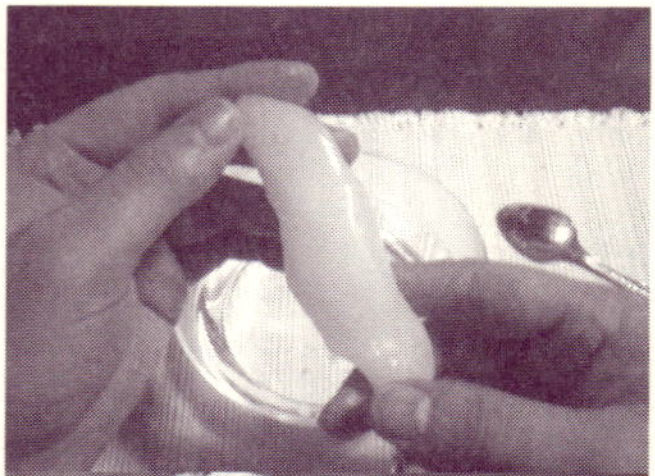
[工程7a]

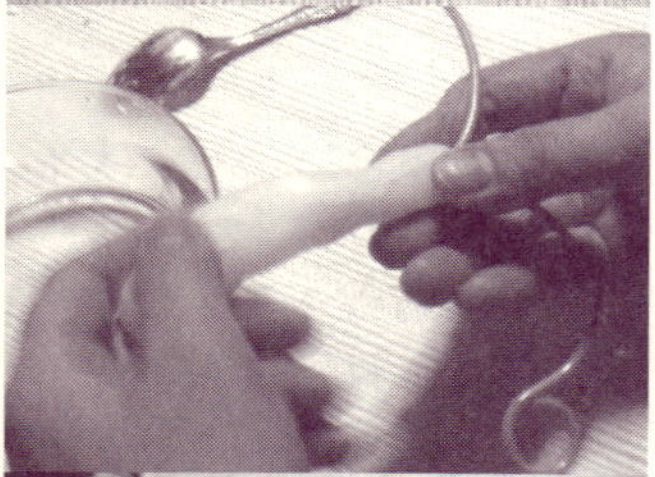
[工程7b]

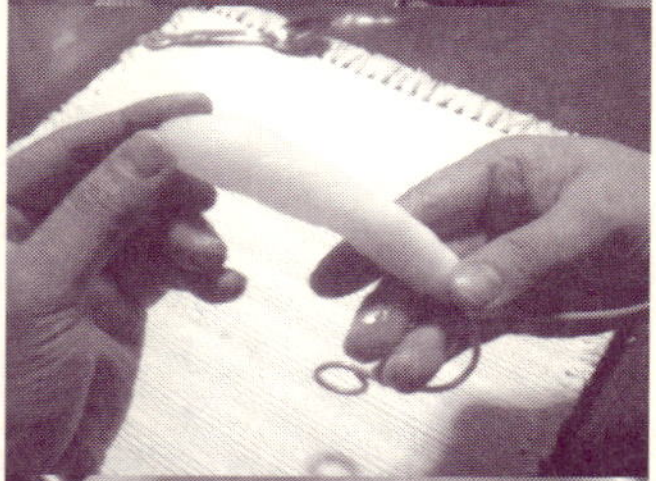
[工程7c]

[工程8]

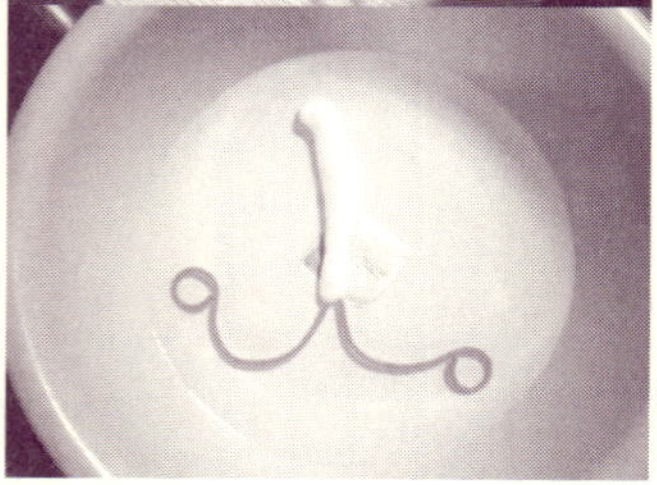
[工程9]

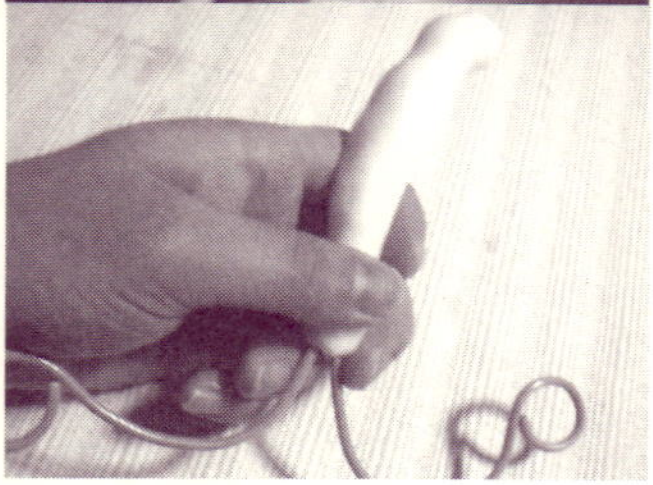
できあがり！

どう考えても失敗の場合は、さっさと諦めて樹脂を伸ばし、もう一回最初からチャレンジしよう。温めればやり直しできるとはいえ、大きな塊にしてしまうと温めても中はコチコチという状態になるので、電子レンジでチンでもしないと完全に柔らかくならず面倒臭いからである。

【工程8】どうにかこうにか形はできた。でも表面には指紋の跡がクッキリ……。気にしないならどうってことはないが、ちょこっと温めながらスプーンの背などでこすると、細かな凹凸をなめらかに加工できる。仕上げに冷水に2〜3秒ひたせばできあがり！

【工程9】ブラボー!! 君だけのオリジナルエネマグラが完成した。予想より安い材料費ですんだと喜ぶ人もいれば、形にならなかったり、手を火傷した不幸な人もいるだろう。

小学生程度の加工能力さえあれば誰でもできる簡単作業だが、表面をなめらかにするのは思いのほか難しい。もちろん、売り物みたいにスマートな流線型を作るのは至難の業である。ゴツゴツしてるのが手作りのよいところ！ と、適当なところで妥協するのがコツである。

というわけで、いくつか実験用エネマグラを製作してみました。詳細は2ページ後の「自作エネマグラ。スーパー写真館」を見てもらうとして、肛門刺激用のスパイラル模様は作るのが面倒臭かったので省略。同じ理由で表面処理も超適当にすませている。

もう少し凝ってみたいのなら冷水で固めた後、荒めの耐水ペーパーで全体をこすり、ツヤ消し仕様にしてみるとか、電飾を内蔵してみるだとか、アイディア次第で自由に工夫してみてほしい。

完成品でエネってみよう

作ったからには使い心地を確かめないことには!!

さっくりと直腸洗浄、他の事前準備をすませ、ケツの穴にローション塗りたくってさあ挿入!……と、その前に神経質すぎるかもしれないが、肛門や腸壁を傷つけてしまいかねない致命的製造ミスがないかどうか再度確認。自分で作ったものにPL法は適用されないと思うので、くれぐれもご注意を。

安全確認がすんだら本当に挿入。どれどれ、ほほう。しっかり直腸に吸い込まれてゆく僕だけの手作りエネマグラ……。酔っ払って適当に作った割には、ずいぶんいい挿入感じゃないか！　まあ、何ぶん腸内の話なので、細かい違いが分からないだけかもしれないが。

世の中には、髭《ひげ》剃りの柄の部分とかハエ叩きの取っ手にコンドームをかぶせ、前立腺を刺激する人もいるそうだ。それらに比べれば自作とはいえ、かなりゴージャスな雰囲気。肛門にもやさしいと思う。手作りだけに温かみを感じたりして。ハハハハ……。

近い将来、CTスキャンなどで個人の前立腺やカウパー腺の位置をミリ単位で正確に割り出し、測定結果を元にエネマグラの形態を自動決定、フルオートでプラスチックを削り出し、三次元化……。そんなことをしてくれるサービスが出現することを祈りつつ、筆を置きたい。まあ、なかなか面白いので暇な人はぜひ、作ってみて下さいな。

【下条】

【＊1】自由樹脂：ダイセイファインケム株式会社製。生分解性のプラスチックで地球にも優しい。大きめのホームセンターでも取り扱っていないことが多いので、電話して近所の取扱店を問い合わせるか、通信販売などで購入しよう。東急ハンズには売ってました。
http://www.daicelfinechem.jp/hobby/index.html

自作エネマグラ。スーパー写真館

[指マグラ]

見ておわかりの通り、ヘッドの部分は指先を模している。指の関節は肉体労働者も顔負けに節くれ立っており、見る者に荒々しい印象を与え、なおかつ腸内への挿入感・圧迫感を与える。

ついでに会陰部のツボ押しは親指をイメージ。大胆に、広範囲の圧迫を与えるように設計してみた。

[イボマグラ]

イボの部分には本物の大豆を埋め込んでみた。食べ物を粗末にするな！　という声が聞こえてきそうだが、まあ、たまにはいいじゃないか……。会陰部ツボ押し玉は、根元の針金で圧力を調整できるように設計。いかがなものでしょうか。ちなみに色はグリーン。別名グリーン・ジャイアント。

[コロマグラ]

一見するといびつな巨大エネマグラにしか見えないが、実は内部に妙なものが埋め

イボマグラ（その1）

イボマグラ（その2）

コロマグラ（その1）

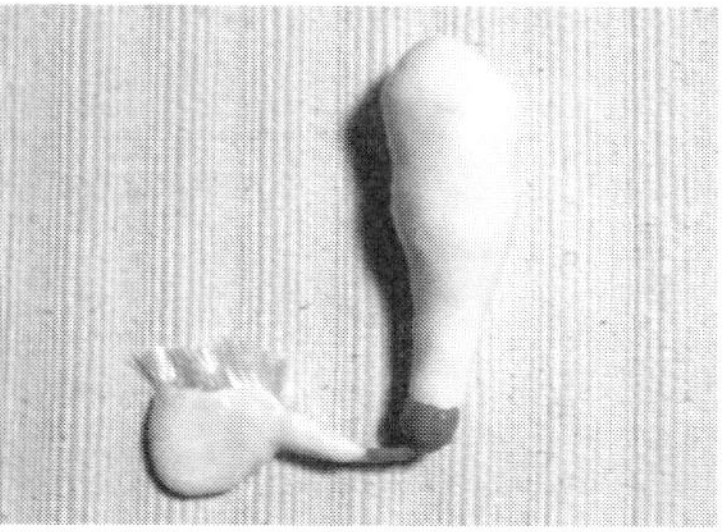

コロマグラ（その2）

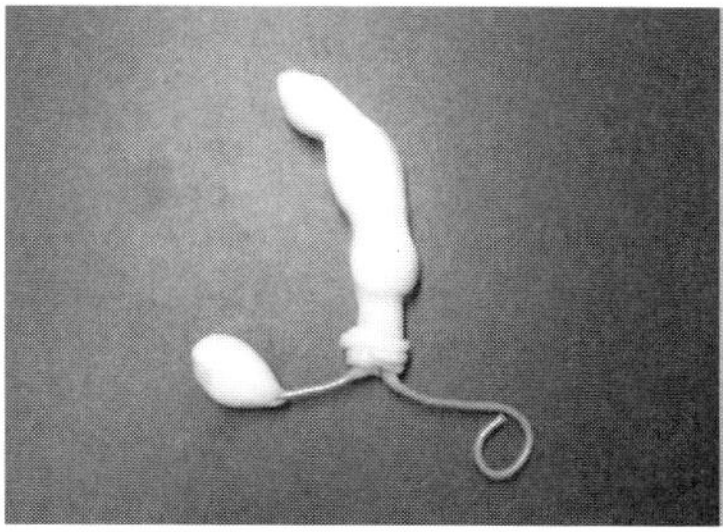

指マグラ

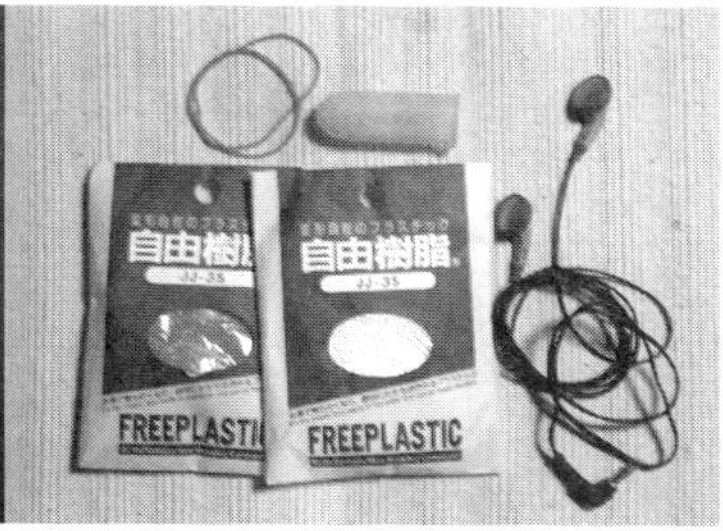

オトマグラ（その1）

込んである。それは……。ローションで満たしたカプセルの中にビー玉が入っている。カプセル代わりに使ったのは、毎日愛飲している焼酎の蓋である。

会陰部刺激には圧力以外のものを選ぼうと、ホコリ取り用のハケを装着。たてがみのような毛が股の付け根にモワモワした新鮮な刺激を与えまくる！

挿入して四つんばいになり、腰をタテに振ってみると、いい按配で中のビー玉がコツコツ音を立てながら動き回り、微弱な振動を自作自演。電気を使わず振動を起こすという当初の目論みを実現することができたが、少し物足りないかも……。

［オトマグラ］

音の振動で前立腺を刺激できないか？　と作ってみました。使わなくなった中古ステレオイヤホンのスピーカー部分を指サックに入れ、輪ゴムで縛ったものをエネマグラのヘッドに埋め込む。

コードのジャックをアンプに繋ぎ、お好みの音楽をかけながら音量をあげてゆくと……。胎教よろしく前立腺をかすかな振動が刺激するという仕組み。お勧めは低音リズムの多いテクノなど。ちなみに高音振動はコーティングに阻《はば》まれてあまり宜しくない。

［前立腺確認君］

前立腺の位置を確認するためだけに作った実験作。全長20センチの直腸フルカバー型。前立腺がどこにあろうと、手軽に確認することができる。自作エネマグラ各種のヘッドを作る際、位置あわせに重宝しました。

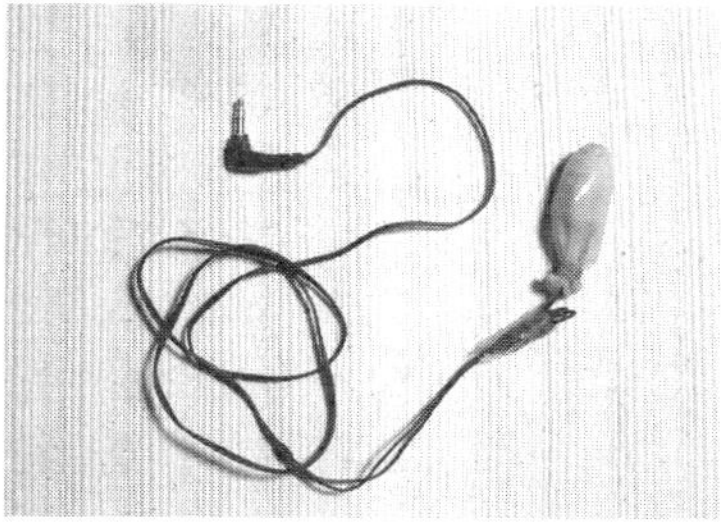

オトマグラ（その2）

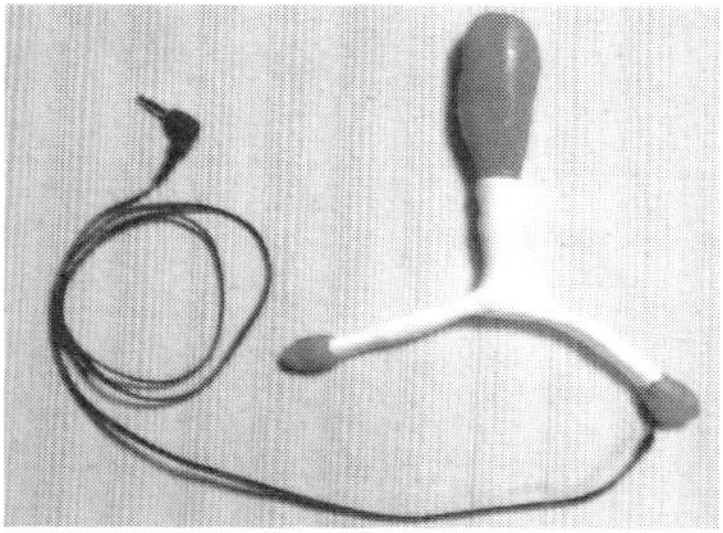

オトマグラ（その3）

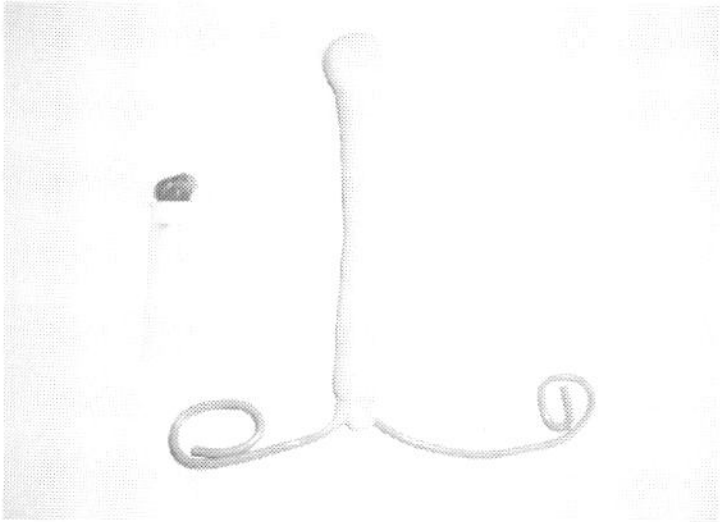

前立腺確認君

エネマグラ・コラム05
伝道師直伝の秘法でドライ・トレーニング

ＭＭＯとは"Male Multiple Orgasm"つまり「男の複数回オーガズム」の略語である。アメリカのジャック・ジョンストンは、１９９５年から全米各地で「射精をしないマルチ・オーガズム（ドライ・オーガズム）」普及のための活動を続けるオーガズム伝道師だ。

彼の目的は我々の目指すところと全く同じ。ピクピクビクビク精液の出ない断続的射精感を味わおうということで、気になったからジャックのサイト【＊1】を覗《のぞ》いてみると「マルチオーガズム・サクセス・ストーリー」と題し、ジャックのセミナーを受講した快感ファンたちから送られた感謝の体験談でいっぱいだった。中には72歳の老人【＊2】もいたりして、「爺さん、お盛んだな」と微笑みかけたくなる。

ジャックは独自のＭＭＯ到達法を開発、セミナーを開いたり電話相談に応じる傍ら、快感までの早道の核心部分を録音したＣＤを売っている。

ジャックのサイトで販売されている"Male Multiple Orgasm Step by Step"は、約1時間の「オーガズム秘法講話」を収録したＣＤである。ＭＭＯに達する合理的な手段が本当にあるのなら1万円払ってもぜひ聴いてみたい。そう思って価格表を眺めると、お値段はお値打ちの19ドルちょい。これでイキまくれるなら風俗に行くより安い。迷うことなく購入ボタンを押し、夜空の星を眺めて数を数えたりしつつの1週間後に無事到着。

ささいなことだが、その日からジャックのスパムリストにわたしのアドレスが書き加えられたようで、欲しくもない長大な「セミナー日程表」とかが4日おきで配達されるようになったのは悲しいことだ。しかしそれは無実の汚名かもしれない。ここでは、くれぐれもメールアドレスはお大事にということだけ、お伝えしておきたい。

さて、立派なケースに収められたCDを聴いてみると、当たり前だが全部英語で喋ってるのでサッパリよくわからなかった。そこで、近所（プノンペンの）に住む英語通の佐藤さん（仮名）に同時通訳を頼み、丸2日がかりで日本語版を製作。以下がその要約である。感想は後ほど。

ピロラロリーン……（ミステリーゾーンみたいな音楽）

（低い声で）皆さんこんにちは。さて、オーガズムには特別の扉があります。このCDを聴くことで特別の扉が開くことでしょう。できれば何回も聴いてください。そして、実践することで未知の感覚が体験できます。ただ、やりたくなければやらなくてもけっこう。

男性がマルチ・オーガズムを経験するには、私たちを包む感情や自我の壁を取り除くことが重要です。ここでひとつ、特別の扉を開くための鍵をさしあげましょう。それが「キーサウンド」です。これから一番重要なキーサウンドと呼吸法を学習します。

動物園に行くと、虎やライオンなどの猛獣はいつも低い声で唸《うな》っていますよね。こうした低い波長の音は自然で、社会通念の壁を破壊するのにはもってこいなのです。さあ練習しましょう。思いっきり低い声で、大きく口を開けて……。

「ハーアー！（アーの語尾は上げる）」

「ハーアー！」

できましたか？　ハーとアーの間で音程をねじるのが重要です。これが「キーサウンド」なのです。

どんな姿勢でもかまいません。寝てても、座ってても、立っててもいい。小さな声でもかまわないけど精神を集中してください。キーサウンド（ハーアー！）の合間に、3回から4回の自然な呼吸を挟みます。時間をかけてゆっくり練習しましょう。

ピロラロリーン……

皆さんはオナニー中、マルチ・オーガズムに達しよう、達しようという思いが強いと思いますが、まだ早い。最初は意識せず平静を装うことも大切です。一度その領域に入ってしまえば、あとは意識しなくても自然に爆発するものだからです。

まずは大きな鏡を用意しましょう。鏡はあなたの真正面に置きます。そして、鏡の中の自分とアイコンタクトを取り、鏡の自分をじっと見つめながら、先ほどのキーサウンドを発するのです。鏡がなければ親しい友人でもかまいません。

「ハーアー！」

「ハーアー！」

しばらくやっていると、キーサウンドを通して「ラブエナジー」というものが充填《じゅうてん》されてきます。キーサウンドの合間に挟む呼吸で、そのラブエナジーを体内に取り込むイメージをしてください。

さ、次は重要です。キーサウンドで充分すぎるほど盛り上がり、声が大きくなり、テンポが速くなってきたら、意識を下腹部に集中させます。するとさらに盛り上ってきます。次のような声が自然に出てきたら、もうかなり、キています。

「ハァーアァァァッ！」

「ハッハッハッ」（合間の呼吸）

「ハァウアァァァ！」

自分で自分の声が気になっても、決してやめてはいけません。もしここで射精するようなことがあっても、キーサウンドと呼吸法がしっかり守られていれば、身体のどこかを少し触れるだけで復活することができるのです。

乗ってきましたね。ではキーサウンドを発するのと同時に「ホットスポット」をマッサージしましょう。ホットスポットはペニス全体と、肛門から玉袋の間に広がっています。

亀頭も重要ですが、亀頭の先端部から3センチくらい先までの何もない空間。目には見えませんが、見えない3センチ先までをペニスだと意識するイメージが大切です。意識したら、両手の人差し指・中指・薬指の3本をそれぞれ揃え、摩ります。ローターがあるなら左手に持ち、バイブと3本の指でペニスをサンドウィッチのように挟みましょう。

このとき、膝は伸ばして突っ張るのではなく、必ず曲げて力を抜き、リラックスした状態を維持してください。女っぽいポーズとか男っぽいポーズだとか、深く考えてはいけません。

ローターの電池が切れてきたら利き腕でペニスを握り、もう片方の手で会陰の真ん中を摩ります。キーサウンドに全ての思いを込めて吐き出しましょう。ただし、射精しそうになったら急いだりあせったりせず、手を止めて休憩します。勘違いしないでほしいのですが、優先順位はキーサウンド（呼吸法）→ホットスポットです。あくまで声と呼吸が第一。ただ、もし射精してしまっても、やめずにひたすら続けます。

これをマスターすれば、最終的には手も何も使わず、キーサウンドと呼吸だけでオーガズムに達することができるのです。人によってはこのCDを3～4回繰り返して聞くだけでも習得できます。

カップルでマスターすれば、お互い服を着て抱き合うだけでオーガズムに達することも可能で、これを私は「ハートガズム」と名づけています。

くれぐれもリラックスして、射精を願うのではなく、他の事に考えを導いてください。さようなら。


以上はあくまで要約だが、どうだい？　理解できただろうか？　わたしの感想はまさしく「？」といったところ。具体的なことがほとんど語られていないのでうさん臭さも感じる。

なんせ最初から最後まで呼吸第一。割愛したが、難しい精神面の話がひたすら繰り返される場所もあり、眠気を誘う。でも、これを真面目に実践した結果、連続6回も達してしまって喜びを隠せない男性とジャックの対談がトラック3に録音されてたりして……。真偽のほどはよく分からない。

ただし、呼吸法と獣のような声がマルチ・オーガズムに大切ということだけは充分理解できました。そう言えば過去の性遍歴を振り返ってみても、獣のような雄叫びをあげた野性味あふれるセックスのほうが、そうでない時と比較してはっきり脳裏に焼きついている。そうでないときの思い出レベルを江戸の浮世絵とすると、獣モードはさしずめ

DVDホームシアターといったところ。趣はないが、画質と迫力が違う。

目的地に達するためには周囲に気兼ねなく、ヨダレを垂らし緩《ゆる》い笑みを浮かべ、ハーアー！　と叫びながら反り返った乳首を撫で、鼻から空気を吸って数秒止めて、ゆっくりと同じ時間をかけて息を吐く……といったことを毎日続ける勇気が大切、ということか？

ま、とかく資料が少ないこの世界。英語による怪しげな説法ではあるが、一度聴いてみて損はないと思われる。このCDで語られる呼吸法・思考法などは仮にも専門家の提言であるし、エネマグラ使用者にもきっと参考になることと思う。たぶん。【黒沢】

【＊1】ジャックのホームページ：MMOのセミナーCD販売。その他アナル開発関係の書籍充実。エネマグラも売ってました。http://www.multiples.com/

【＊2】72歳の老人：射精せず何度も絶頂を楽しめるドライ奥義は、前立腺癌防止と一石二鳥で、老人にはもってこいの「お楽しみ」と言えるだろう。もちろん、最終的に出すものを出さないと癌の防止にはならないからそのつもりで。

ちゃんと買いました……

MMO伝道師，ジャック・ジョンストン

ジャックのMMOセミナーCD

7

第7章
性転換者は
ドライ・オーガズムの
夢を見るか?

緊急企画：前立腺と性転換とパタヤとの意外な関連性

エネマグルァー！（ラはあえて巻き舌で発音）。

「ホルモンのみ」「玉抜きサオつき」……一見、立ち食いホルモン屋のお品書き風だが、ニューハーフ・ヘルスのチラシなどでよく見られる専門用語だ。

前者（ホルモンのみ）は身体に改造を一切施さず、女性ホルモン剤の投与だけで女性化を試みている人のことをさす。女性化の登竜門と言えるかどうかはともかく、女性ホルモンを定期的に摂取した男は体毛が徐々に薄くなり、お尻や胸に脂肪がついて身体のラインが女性化するとか。

男は思春期になると、脳内の視床下部から性腺刺激ホルモンを出すよう脳下垂体に命令が下され、睾丸で男性ホルモンが作られる。で、その男性ホルモンは血液によって体内を循環し、ひげや体毛が濃くなったり、のどぼとけが出てきて筋肉や骨格が発達するわけで、これを第二次性徴【＊1】と呼ぶ。

女性ホルモン投与は若いうちに行なうと効果的だそうで、特に上記の第二次性徴前だと男性化を最小限に抑えられるとされるが、通常、ホルモン療法は医師の診断のもとなされるので、少年期から性転換を踏まえて女性ホルモンを入れる猛者は珍しいし、容易ではない。

どちらにせよ睾丸がある限り、常に定量の男性ホルモンが製造されるので、女性ホルモンを使うにしろ、男性ホルモン製造をやめさせるための薬剤を通常月に一回、あわせて注射しなければならない。ニューハーフもラクじゃないのだ。で、さらなる女性化を目指したい人は、手術で睾丸（金玉のこと）を抜いて、一歩進んだ「玉抜きサオつき」となるわけだ。

男性ホルモンは睾丸で作られているので、玉を抜くと男性ホルモンの排出は止まり、投与された女性ホルモンの効き目が効果的となるし、男性ホルモンの排出を抑制する必要もない。玉を抜いて数ヶ月から一年で表面的な女性化が進み、人によっては服を着て黙っていれば女性にしか見えなくなることも……。ただし、髭《ひげ》は永久脱毛の必要性があり、声も声帯を手術しない限り、変わることはない。

性同一性障害の男性は外見が男でも根底には女性的な精神を持っているわけなので、女性ホルモンを摂取することで身体も女性的になり、残すはサオ（陰茎）を取り去って完全性転換を目指すのみとなる。

近頃わが国でも、戸籍上男性の性同一性障害者が女性職員として働くことが認められ、また、性転換手術を受けて2年間経てば、出生届とは別の性別でオリンピックに出場できるという規則もできている。出れればの話ですがね【＊2】。

儒教精神ムンムンな隣の韓国でも、性転換で男から女になった人気タレントが戸籍の性別を変更している（通算二例目）。めでたく法的にも女になった男とは、日本にもファンの多い（らしい）ハリス（27）さん。

ハリスさんの写真を見ると外見上は女そのもの。韓国ではCMやバラエティでも大人気。ところで韓国といえば38度線。つまり、男は誰しも年頃になると徴兵されて3年間兵隊をしなければならない。

ハリスさんも例外なく徴兵検査を受けたそうだが、身体検査で非適格判定を受けたという。まあ、こんなのが前線にいたら、他の兵隊も気が散って大変だろうから妥当な判断と言えなくもない。

ニューハーフ・クラブ（本文とは関係ありません）

韓国のハリスさん

……というわけで、ニューハーフといえばタイのパタヤ。バンコクからバスで1時間半。郊外にはタイで最も大きな下水処理施設があるそうだが、深夜の海岸沿いを歩いていると、そこら中で世界各地の変態親父が売春婦の品定めをしているという、ある意味下水よりも処理しなくてはならないものでいっぱいの町である。

視線で女が溶けてしまうのでは！　と思うがごとく目をカッと見開いたパキスタン人、好色な笑顔をふりまくハゲ毛唐、下卑た笑いがトレードマークの中国人団体客、その間をこそこそ、ゴキブリみたいにウロウロしている慎み深いわが同胞……。家政婦は見た！　パタヤの変態野郎たち、という感じだ。

人それぞれ趣味は色々だが、今夜のパートナーを探しているという点では共通している。もちろん、オカマの本場と言われてるだけあって、ニューハーフ（欧米ではレディボーイと言う）も多い。

通は声やウェストのくびれ位置で判断するそうだが、素人目には女性と全く見分けのつかない者。3歳児でも判断のつくお笑い系、中途半端に改造しまくったあげく、キカイダーのような身体になってしまったマニア系など、レディボーイといっても様々だ。

もっとも、完全性転換には莫大な費用がかかるので、とことん改造したリアル性転換派はごく僅か。ほとんどのレディボーイはホルモンのみ。まれに玉抜きが混じっているといった具合。

しかし、だからといって暗がりで客を引くような卑屈さはなく、皆堂々と派手な衣装で大通りの真ん中に立ち（チンコのあるなしに関わらず、スタイルだけはモデル並み）、まれに行きかう家族連れにガンを飛ばしながら、商売に余念がない。

なかにはアンニュイな美少女顔かつ巨根……という危うさ・アンバランスさを売り物にしている人もいる。性同一性障害とは違い、バイセクシャルを女装趣味で味付け、たっぷり根性で煮込んだような感じといえばイメージが湧くだろうか？

もちろん、オカマ好きな客のなかにもそれを望む者が少なからずいる。スキンヘッドの変態オランダ人・マーティもまた「サオがついてないと何か物足りない（英語）」と、南パタヤの安酒場で語っていた。

先に莫大な費用……と述べた性転換手術の費用だが、イメージとは裏腹にタイのそれは安価で安易。しかも、数をこなしているだけあって技術的にも世界最先端だ。

ちなみに、タイにおける性転換手術の費用は10万バーツから30万バーツといったところ。日本円にして30万円から90万円の間。これは、欧米で同じことをする費用の1／10、他のアジア諸国の性転換料金と比較しても半額以下だという。

安さにつられて、海外から性転換目的でタイを訪れる人も年々増加の一途をたどり、毎年千人以上の外国人が以前の性別とおさらばしているそうだ。もちろん日本国内にも、タイでの性転換旅行をアレンジする業者が存在する。

ところで、値段の違いは品質の違いたりえるのだろうか？　アメリカの性転換医とタイの性転換医の腕を比較するため、試しにインターネットで「作品」画像を掲示している性転換医のサイトを片っ端から見比べてみた。

性器の写真だけに、人造といえど比較画像をお見せできないのが残念だが、顔からして高級感たっぷり、時給のさぞかし高そうなアメリカの某医師バーサス、プーケットで性転換クリニック【＊3】を開業するタイ人医師のサイト、それぞれ「人造マンコ」の作品集を眺めてみると……。

結論から言って、作品の質（見かけ）に大差はなかった。これまで、方々からダウンロードした数千人、いや数万人分のマンコ画像を見てきたが、女性のそれと比べても不自然な部分は特になかった。変なのもあるが、たまには失敗もするだろう。ま、マンコの話は置いといて、なぜここまで前立腺と関係のない話をダラダラしてきたかというと、ドライ・オーガズムの基本は「射精しないこと」である。

ならば、性転換手術で丸大ウィンナー（もしくは金剛仏舎利棒）を切り取ってしまった性転換女性（元男性）は、無条件で射精できなくなるわけなので、快感グラフも女性的オーガズムに修正されてしまうのかどうなのか、ささやかな興味を持ったからだ。

性転換の巨匠が残した言葉とは……

性転換医の草分け的存在と言えば、カルーセル麻紀の性転換手術を担当したことでも知られる、モロッコの故ジョルジュ・ブロウ【＊4】（フランス人）医師だろう。

モロッコは、荒くれフランス外人部隊の駐留する熱砂の国。近代的な高層ビルが立ち並ぶ人口４００万の商業都市・カサブランカからバスで30分。ハッサン二世通りに建つ豪奢《ごうしゃ》なアパートに、かつてブロウ医師の経営する病院があった。

ブロウ医師は性転換が禁止されていたフランスからあえてモロッコに居を移し、60年代から70年代にかけて、数多くの性転換希望者にもぐり手術を施していた。

当時は世界中探してもブロウ医師のような存在は稀であり、口コミの噂をたよりに世界各国の性同一性障害を持つ人々が、モロッコの土を踏んだという。

そんなブロウ医師は、存命中に行われたインタビューにて「性転換女性は感じることができるのか？」という問いに対し「エクスタシーは前立腺で感じるものだから、女性のそれとは少し違う」という決定打的な言葉を残していたのだった。まさに、

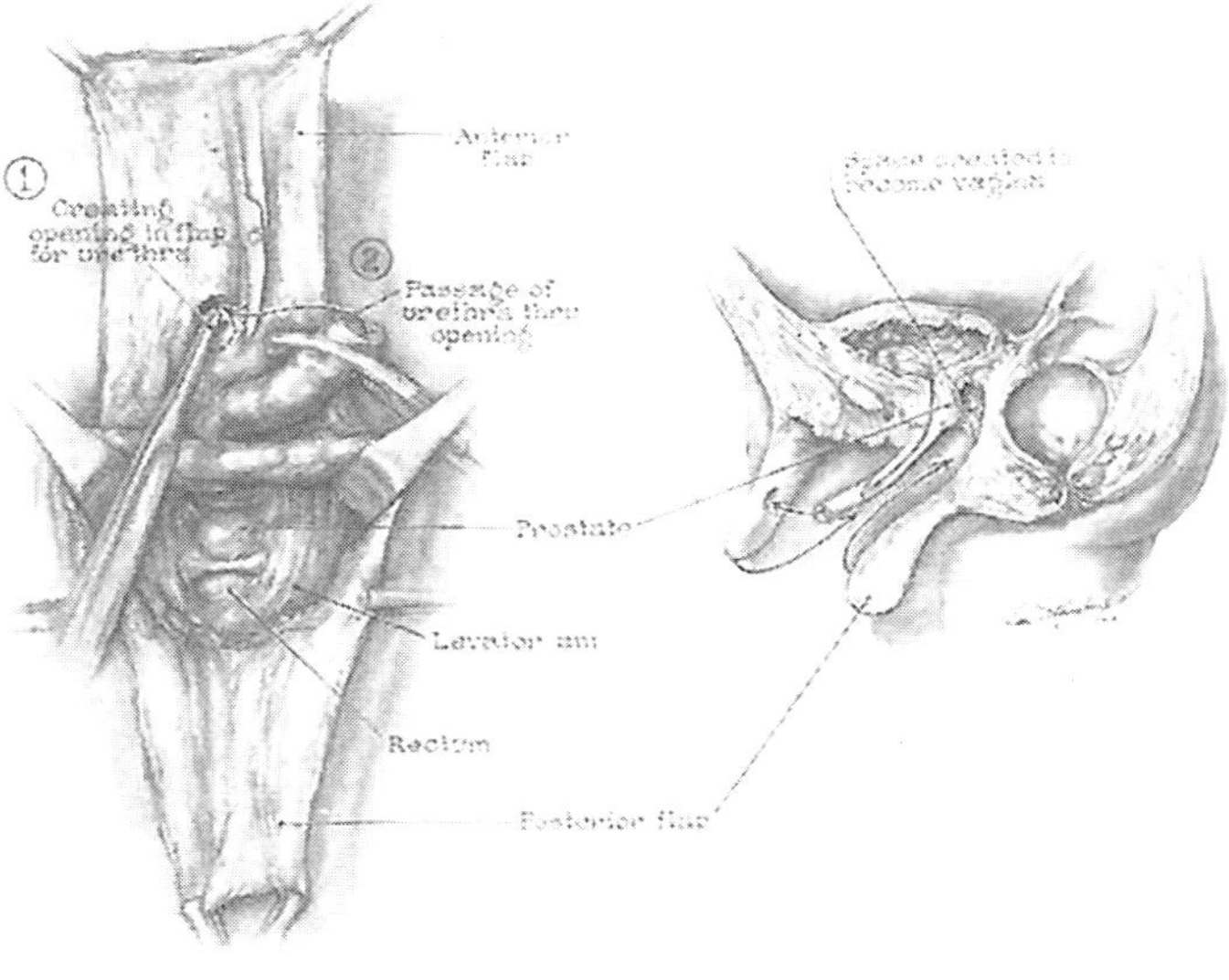
Anterior flap
①
Creating opening in flap for urethra
②
Passage of urethra thru opening
Prostate
Levator ani
Rectum
Posterior flap

性転換後の前立腺位置

我々が求めていた答えである。

女性ホルモンを常用していると、男性的な性欲は徐々に衰退してゆく。そして、しまいには勃起を保つことすらできなくなり、睾丸と前立腺は小さくなってゆく（しかし取らない限り、なくなりはしない）。

かわりに「女性的」な性欲と快感の部分が進化するとの報告はあれど、あくまでも主観的なもので、科学的に実証されているわけではない。が、たとえ性転換をしていなくとも、女性ホルモンを過剰に入れている場合、オーガズムのとき射精が伴わない……ことは、よくあることだそうだ。

ちなみに手術で性転換をした場合、前立腺はあえて切除せず、人工ワギナに沿う形でそのまま残される。性転換医それぞれの流儀はあれど、こうすることによって性転換女性が人工ワギナを使った場合、我々がエネマグラを使用するのとかなり似かよった状態で前立腺を刺激していることになり、したがって性転換女性のオーガズムは射精を伴わない前立腺オーガズムであると、仮定はしてみたのだが……。

以上、統計をとったわけでもないので、何の裏づけもないよた話でした。へへへ。人類史の一頁を飾る（？）遠大なテーマを、こんなささやかなスペースで語りきれるわけがないよね。でも、なんとなく主旨がお分かりいただけたでしょうか。【黒沢】

【＊1】第二次性徴：第一次性徴とは、生まれてすぐに分かる男女の性器の違い。第二次性徴とは、思春期に表れる男女の特徴（性器以外）のこと。

【＊2】出れればの話ですがね：言うまでもないが、性転換して2年待てば誰でもオリンピックに出れるということではなく、特定のスポーツに秀でてないといけません。誤解があるといけないので念のため。

【＊3】タイ・プーケットの性転換クリニック：http://phuket-plasticsurgery.com/

【＊4】ジョルジュ・ブロウ：彼の事を詳しく知りたい方は、こちらをご参考に。
Metamorphosis:Male to Female：http://metamo21.hp.infoseek.co.jp/

エネマグラ・コラム06
電気風呂で未知の刺激を（健康ランドでドライ体験？）

肩こりや腰痛に使われる「低周波治療器」というものがある。マシンの先にゼリー状の電極がついているもので、安いものは3千円くらいから入手可能だ。こ、これを、性器にくっつけたことありますか？

恥ずかしい話、私は実験したことがある。肩たたきモードにしてから電極をサオにくっつけてみる。その瞬間、文字通りの電気ショックが下腹部を襲い、涙を浮かべて馬鹿な自分を罵った。

その後、お腹に巻くだけで腹筋が鍛えられる……という例のアブトロニクス（の偽物）を購入。腹より先にチンコにくっつけてみたりもしたが、特に変わった快感は感じられなかった。以上、ささやかな冒険の淡い思い出でした。

そんなこんなで失敗を繰り返し、いつしかたどり着いたのが「電気風呂」【＊1】だった。電気風呂とは幅1メートル弱の湯船に、小さな電極がいくつも向き合った形で埋め込まれている、という巨大な低周波治療器の水中版みたいなもの。

電極板の間に身体を浮かべると、水中に流れ出ている低周波電流が筋肉や骨を振動さ

Enemagra Column 06

電気風呂で未知の刺激を（健康ランドでドライ体験？）

せ、あああぁ、うううう……と身体が硬直したような状態となる。

場所によって電流の強弱が異なるので、ぐぐっと耐えたら場所を移動して少し休憩。落ち着いたらまた近づけて……と、緊張と弛緩を移動することで調節。結果として、身体のこりや血行がよくなるという仕組みのハイテクな風呂だ。

余談だが、電流の強弱はオーナーの好みによって微妙に違うので、店によっては凄まじく締めつけられる風呂だったり、かと思うと生ぬるい設定の店もある。

歴史は古く、１９５３年から存在していたそうだが、広く普及したのはスーパー銭湯や健康ランドが流行り出してからのことだと思う。見たことがなければ、近所にあるちょっと大き目の風呂屋を２〜３軒巡ってみれば、およそ３軒に１軒の割合で設置してあるだろう。


さて、この本の製作途中。なにかに突き動かされるような衝動にかられ、電気風呂の電極に目一杯尻を近づけてみたことがある。

普通、腰を少し近づけただけでも、肛門の奥までギュギュッと絞られるような感じはあったのだが、直接尻を突き出したことはさすがになかった。もちろん、実行前には警戒を怠らない。他にも客はいるが、遠く離れた湯船に爺さんがひとりだけ。チャンスは今だ……。

湯船の幅が狭いので、尻を突き出した瞬間、必然的に片側の電極に肛門、もう片方にチンコという形で、電流が走った！

「うぉぉお……なんじゃこりゃあ！」

未体験の強烈な刺激が尻に走る！　尻全体が神の手によって激しく、そして細かく震わされているような感じだ。一方のサオはどうかというと、瞬間沸騰という言葉がぴったりの様相で勃起していた。

やばい……。健康ランドの男湯で勃起するなんて、少年にしか許されない背徳行為である。単なる露出狂じゃないか。

幸いというか、避難地域に指定されているのか、電気風呂の隣には何食わぬ顔で泡風呂が設置されており、なんとか急場をやり過ごすことができたが、いやいや、危ないところだった。

それからというもの、あの感動をもう一度再現したくてたまらなくなり、同じ健康ランドへ通いつめてみた。しかし、電気風呂の強烈な勃起は初回の一発だけで、追体験はならなかった。もしかすると異常なシチュエーションに興奮していただけなのかもしれない。

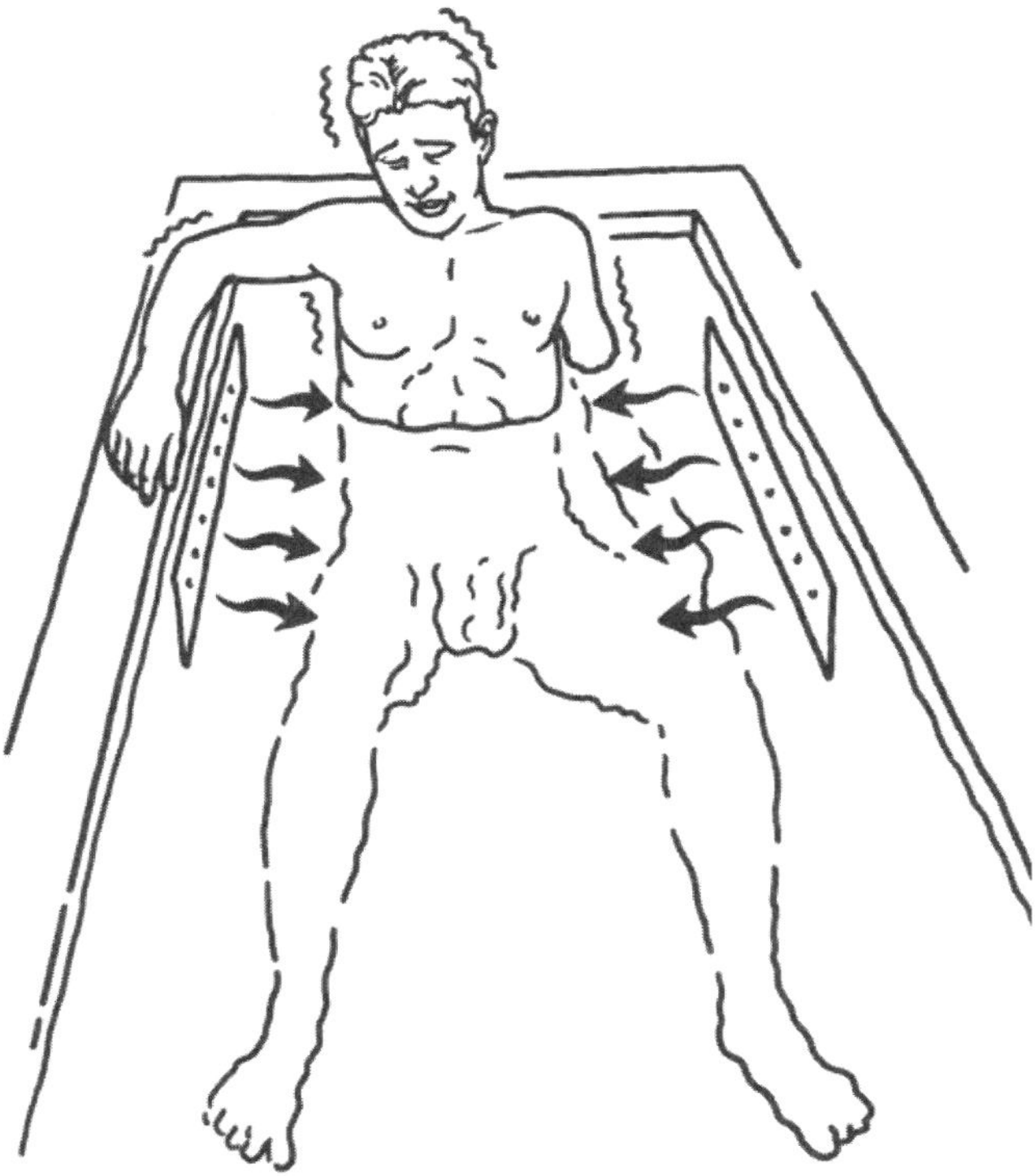

がっかりだった。しいて言えば、がっかりする前は相当興奮しまくっていて、電気風呂でドライに行けるのでは……と無謀な計画も考えないわけではなかった。もしも実行していたら、翌日のスポーツ新聞の三面に私の顔写真が掲載されていたかもしれない。もしくは、健康ランドに巣くう野獣ども、男の股間に熱い視線を送る紳士、ジャグジーの排出口にアナルを押し当てている青年……などの餌食にされていたかも。快感は常に危険と隣り合わせなのだろうか……。【下条】

【＊1】直立型の電気風呂：他にも、座ったり湯船に尻を置いて入ったり、一度に何人もが入れる多人数型など様々な形体の電気風呂がある。

エネマグラ・コラム07
最後の手段・電気手淫

精子の大海を行き着くところまで泳ぎきると、電気オナニーという黄泉《よみ》の世界へたどり着く。

電気オナニーはパワーユニット・配線・ターゲットによって交換可能なアタッチメントの3つで構成され、電気の力で快感を得ようという志から生まれた。

動力源となるパワーユニットから流れ出るプログラムされた低周波を、アタッチメントを介してチンポやケツの穴、果ては前立腺にまで伝えることができるという、いわば未来のオナニーである。

アタッチメントは電気ペニスバンド、電気張り型はともかく、電気尿道カテーテル。電気アナルプラグ。電気睾丸ベルトなど種類豊富で、日本の法律上、愛好家たちの写真をそのままお見せできないのが本当に残念だが、使用中の写真を見ると、オナニーというより相当キワい人体実験に見えて仕方ない。でも本人たちは楽しそうだし、何より気持ちよさそう……。

パワーユニット上の設定次第で、ちょっとした刺激から激しい苦痛まで、ありとあらゆる刺激をデジタルに楽しむことができる電気オナニーは、マンネリに悩む愛好家たちを新しい世界へ誘うダイビングアイテムといえるだろう。

道具の入手は簡単。アメリカやドイツを中心に、いくつかのメーカーがアタッチメントや高性能パワーユニットで激しく競合している。なかでも一歩先を行っているのが米セックステック社【＊1】である。

最新パワーユニット「ET312」はバックライト付き液晶ディスプレイ、マイクロプロセッサー内蔵。別売りの「エロスリンク」というどうしようもない名前の接続キットを買うと、PCと接続してプログラミングや出力セッティング、新アルゴリズムとの入れ替えも可能らしい。もちろんUSBもサポートしている。

間接的にしろ、自分のチンポがUSBでPCに接続されているという状況。鎖につながれた犬のようでもあるが、悪い気はしない。パワーユニットだけで5万円もするのが難点だが、これが売れて商売になっているということは、気持ちよさが口コミで全米に知れ渡っているに違いない。

電気オナニーの先進国・アメリカでは、世界初の専門書『ジュース——楽しみと苦痛のための電気』が1998年に出版されている。

サブタイトルは「寝室又は地下牢獄で電気を安全確実に使用する方法」で、ついこの間までアマゾンでも購入できたが、現在は取り扱い中止。作者からの直販のみで入手可能だ。

代表的な器具セット

電気前立腺刺激プラグ

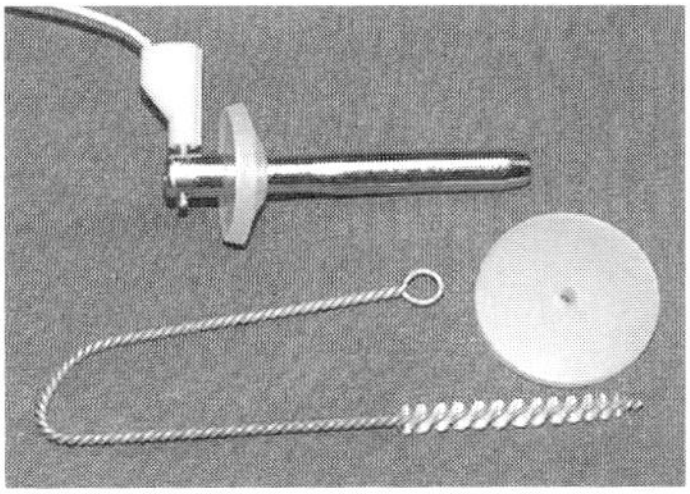

電気尿道カテーテル

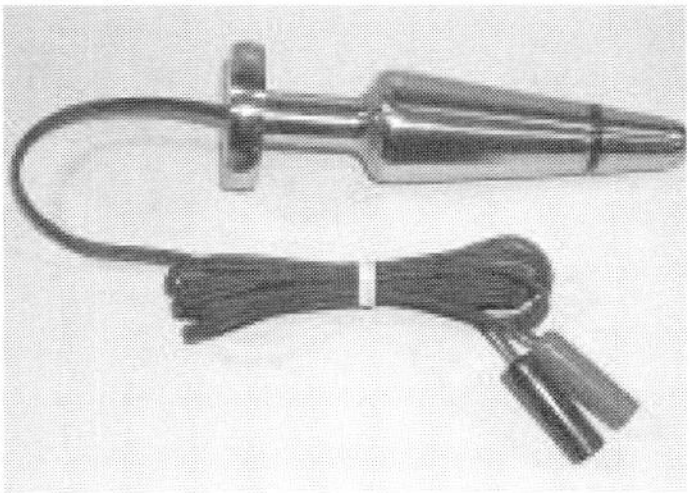

電気肛門プラグ

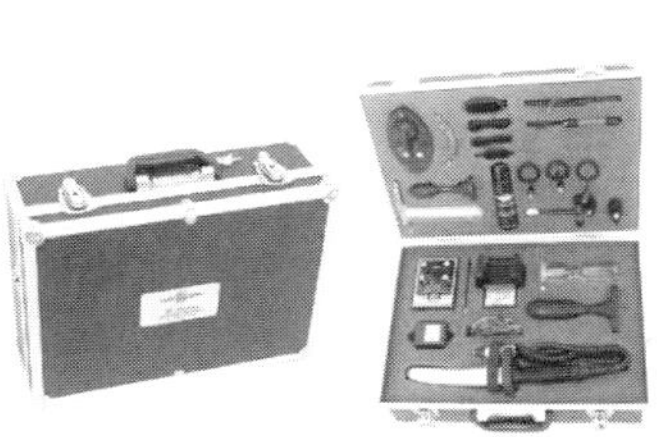

旅行や出張時も専用ケースで安心！

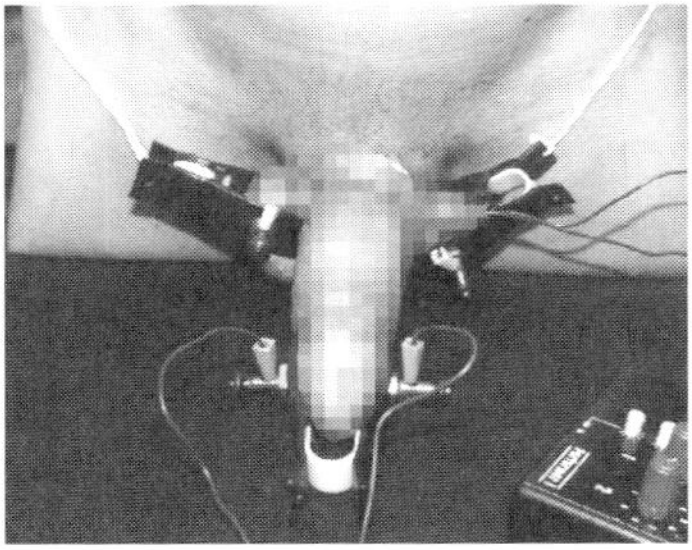

修正ナシでお見せできないのが残念……

著者の「アブドルおじさん」【＊2】はカリフォルニア出身の電気技師。かつ著名なBDSMプレーヤー【＊3】でもある。彼は処女作の出版後、安全かつ健全な電気プレイを啓蒙するため、あちこちで講演などをしているそうだ。

そんな電気オナニーがいかに気持ちいいかは、各種関連サイトに投稿された怪しげな体験談からうかがうことができる。

ドンより

おたくのニルヴァーナセット買いました！　ワオって感じです。私はこれまで電気を試したことがなかったんですが、今はとっても好きです。

設定できるコンビネーションは全て試しましたよ。いまでは電気肛門プラグと電気尿道カテーテルをコンビネーションで挿入しています。感覚といったら法外なもんで、文字で記述することなんて不可能ですよ。私の衰えたコックによい仕事をさせてくれてありがとう。これからも素晴らしい新製品を作ってください。敬具。

デービッドより

先週の初め、私は電気オナニーに挑戦。素晴らしい経験とともに、長い間持っていた野心を実現することができた。射出しないのに、快感は法外だった……。そして今日、再び試みました。さらによかった！　ほとんど一時間、一度も縮まず震えっぱなし！出た量もすごかったよ。

その後は、より熱心になり、あたかも小便をするかのようにリラックスしている。さらに、何人かの人々が三、四時間ぶっ続けで電気オナニーしていると知ったが、今ではそれを熱く信じている。

今日もBモードを使用しつつ、椅子に座っていくつかの熱いビデオクリップを見ていた。さあ、連続モードを試みよう……。スイッチを入れると、自分の内臓が楽しく緩むのを感じて驚いた。

私は緊張をすべて身体から流れさせ、乳首で遊び始めた。性的興奮の最高潮の間際で

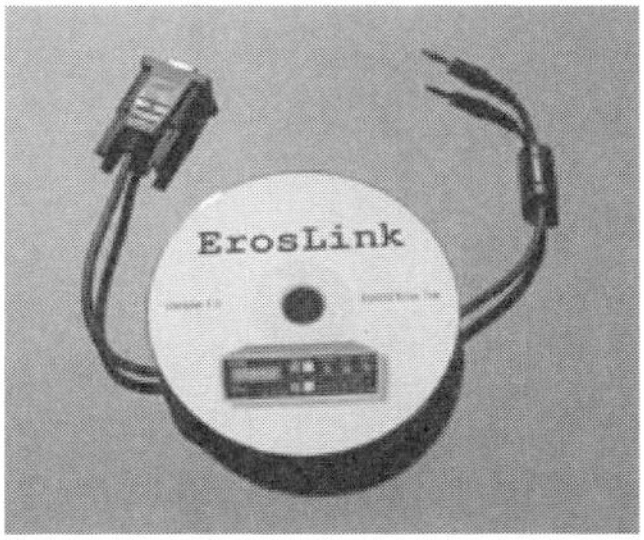

エロスリンク

電気エロビデオ

アブドルおじさんの著書

あると思ったが、射精はしなかった。素晴らしかった！

パルス・モードに切り替え、10分あるいは15分のクールダウンを行った私は連続モードに戻り、素晴らしい経験を繰り返すことができた。この日私は4回も達することができ、最後には完全に満足させられた。偉大な玩具の構築に感謝喝采。

これまで色々なものを買ったが、この機械は絶対に、私がかつて行なった最良の投資である！　敬具。


熱にうなされたような投稿を読むと、思わず分割払いで購入したくなるところだが、気持ちよさそうな電気オナニーにもリスクはある。無茶な電気の使い方は、ときに負傷や死亡にもつながるのだ。

曰く「乳首を傷つけ、一週間痛みが止まりませんでした」「電極を足底につけ、筋肉を激しく震わせていたら小さな骨が折れてしまった」「尿道に電極を刺して楽しんでいたら、尿道を焼いてしまった」などなど、手放しで拍手喝采の体験談とは裏腹に、アブドルおじさんのページには、ピンヘッドも顔をしかめる痛そうな失敗談が目白押し。

また、長時間の電気オナニーが体内の電解質を著しく消耗させるという情報もある。電解質が補充されなければ神経の働きが弱まり、生命の危機に関わることも……。

なので、周期的な休息をとり、バナナやゲータレードなどで定期的に電解質を補充することが必要となる。と、業界のカリスマであるアブドルおじさんも力説している。

でまあ、とりあえず電気なので、心臓に持病のある人、ペースメーカー使用者は医師に相談をお勧めする（ダメって言うだろうけど）。たとえ心臓に問題がなくても、心臓に近い部分に装着するのは避けたほうが無難だろう。

最後に、通称「スミレ棒」【＊4】という、もっと凄まじい電気快感の世界があるようだが、ページの都合で電気のお話はおしまい。偉大なエジソンとアブドルおじさんに感謝しつつ、さようなら。【黒沢】

【＊1】米セックステック社：http://www.sextek.com/home.html
【＊2】アブドルおじさん：オフィシャルサイトあります。著書も購入可能。http://www.uncleabdul.com/UAweb1.htm
【＊3】ＢＤＳＭプレーヤー：ＳＭ的な要素を含む「縛り、お仕置きプレイ」をまとめてＢＤＳＭという。
【＊4】スミレ棒：興味がある人はこちらをご覧下さい。その名も「ターミネーターⅢセット」キャリングケース付。http://home.earthlink.net/~violetwanda/stock/057.html

巻末用語辞典

［あ］

【裏筋】亀頭直下の裏側に位置する皮のつなぎ目部分。前立腺との連携が噂される場所でもある。

【会陰（えいん）】尻の穴と玉袋のちょうど中間地点にある未知の快感ゾーン。ＰＣ筋の輪がクロスする場所でもある。

【エタノール・スプレー】前立腺初期化には必須のアイテム。なぜ必須なのかは本文をご覧あれ。

【エネマグラー】エネマグラ愛好家の別称（複数形）。

【エネる】エネマグラ・プレイの短縮形。例として「昨日エネった？」「エネりたいなあ」など。

Glossary

【か】

【カウパー氏腺液】男性精液の射精前に分泌される透明な液。がまん汁、元気汁とも言う。

【キーサウンド】ジャック・ジョンストンが提唱する快感の合言葉。「ハーアァー（アァーは裏声で）」

【グリセリン】アルコールの一種。体内の酵素により分解される。

【ゴメオ】5-meo-diptという合成ドラッグの略称。主に新宿二丁目界隈で多用されていた。2005年4月17日より麻薬として指定され、以後、「麻薬及び向精神薬取締法」により、使用も所持も7年以下の懲役刑となります。

【さ】

【Gスポット】膣内の浅い位置にある性感帯。ただし、Gスポットの発達している女性は全体の3分の1程度と言われている。

巻末用語辞典

【シャワラー】和田研究所製のポータブル大腸清浄器

【前立腺初期化】導尿カテーテルを使った前立腺の感度を上げる裏技。若干の危険を伴うので徹底的な消毒・殺菌を！

【底上げ】薬物などによって強制的にレベルを上げる行為。賛否両論があり、いちがいにお勧めすることはできない。

【た】

【チャクラ】仙道では精宮という。

【通過儀礼】合法ドラッグを飲んで気持ち良くなるまでの間に起こるとされる嘔吐などの症状。

【疲れマラ】疲れて死にそうな時に限って、性欲とは関係なくチンコが勃ってしまう状態。

【デッパる】ゴメオの入れすぎで狂いそうになったとき、デパスを入れること。「そんなに苦しいならデッパっちゃえよ」など。

【伝道】一度でも闇に隠された真実を見てしまうと、見ず知らずの他人にまで説明したくなって仕方なくなる悪い病気。

【ドルフィンBIG】常に品薄で超入手困難と言われる最も巨大なエネマグラ。こいつの愛好者はコミュニティの中でも一目置かれる存在である。

［な］

【奈良時代】中国から渡ってきた数々のエロアイテムが、日本国内向けにカスタマイズされたエロな時代。

［は］

【パタヤ】世界の変態あこがれのリゾート。

【バリ】出所不詳のエネマグラ（もどき）によく見られる。そのまま入れると大惨事になるので注意。ガンプラにはまったことのある30代の男なら自分でなんとかできるはずだ。

【パインズ】泣く子も黙る米国産エネマグラの日本元締め。

【8の字筋】↓【ＰＣ筋】

【ハートガズム】服を着て抱き合うだけで絶頂に登りつめること。

【ＰＣ筋】恥骨尾骨筋の別名。肛門と陰嚢のあたりを8の字状に取り巻いている筋肉。鍛えると尻の締りと勃起力が上がる。

【ヒメロス】女性ホルモンのクリーム。

［ま］

【マオウ】風邪に用いられる薬草。エフェドリンが抽出できる。

【マーティ】パタヤの変態毛唐。バイセクシャル。

【マルチプル・オーガズム】女性的な複数回のオーガズム。

［や］

【薬用石鹸】手を洗ったり、道具を洗ったりと、なにかとよく使うアイテム。ひとつあれば家族にも喜ばれる。

【余韻】男のオーガズムにはあまりない要素。顔を赤らめながら鼻息荒く、微妙な快感が延々続く感じ。

【ら】

【ラッシュ】ちょこっと匂いを嗅いだだけで心臓バクバク。

【リビドー】心理学用語のひとつ。性的衝動・欲望。

【レベル】本書では、エネマグラにおける快感の強弱分類のことを指している。例としては「まだレベル3なのかよ!」など。

【ローション】潤滑剤。大きく分けて油性・水溶性に分類される。

【わ】

【渡辺篤史の建もの探訪】テレビ朝日の人気番組

おわりに

さあ、エネマグラと前立腺の話はこれでおしまい。いったいどんな感想を持たれたでげすか？

男が一日一回、エロビデオを鑑賞しつつ20分のオナニーを楽しんだとしよう。一週間で約2時間。一年だと96時間。十年間で計算すると約40日間は、24時間休まずぶっ通しでチンコをいじっている計算になる。

人生80年として、精通から枯れるまでを50年間とすると、我々はあれに一体どれくらいの時間を費やしているのか、計算してみようと思ったけど怖くなってやめた。まあ、それだけ多くの時間を費やしているのだから、もっと楽しまないとね。

この本はもともと、エネマグラやドライ・オーガズムという単語すら知らない、迷える子羊を導くために企画されたので、すでに達観されている方々には少々物足りないところもあったかと存じますが、ご容赦ください。ハァー、アー！

もともと前立腺遊びは、複雑なようで実はとてもシンプル。なおかつ人それぞれ楽しみ方・感じ方は一万通り。ただし、楽しむためには仕様の都合上、肛門とか尿道口からアプローチせねばならぬため、他人に発見された際、変態の烙印を押されるリスクが高い。
変態と軽蔑するのは容易なことだが、それでは小学生と変わらない。前立腺刺激の快感は男だけに与えられた特権なのだから、挑戦もせず笑い飛ばすのは損であり、罪である。

話は変わるが、醤油《しょうゆ》職人でもあり、バイセクシャルでもある知人曰く「エネマグラ知ってるかって？ ああ。僕らの間では、浜崎あゆみみたいなもんですよ」とのこと。浜崎あゆみをどう思うかは人それぞれだが、知っているのと知らないのとでは天と地ほどの差がある。試すのをためらうなら、ためらってもかまわない。ただ、前立腺遊びやエネマグラがどんなものなのか、知識として頭に刻んでおくだけでも、時として役に立つことがあるかもしれない。

……と提言してはみたものの、実際やってみるとそれほどたやすいことではなかった。挫折あり、苦悩あり、涙あり。人間不信にもなりかけた。エネマグラを試しまくるうち、腹の調子も少し悪くなった（ビオフェルミンを飲みましょう）。
恥ずかしさがあるから内緒にしたい。家族のパソコンで前立腺のページをブックマークするのは気がひける……。こうしたつまらないプライドが邪魔になって前進を阻害してしまう。

道具がいくら優れていても、中途半端に試し、すぐ放り投げてしまうようでは金をドブに捨てるのと同じ。道具はあくまでも加速を助けるものであって、実際に究極の快楽を味わえるかどうかは日々の情報収集と工夫、そして根気にかかっている。

以上を踏まえて本書を参考にしつつ、でも情報を鵜呑《うの》みにはせず、自分なりに試行錯誤しながら、前立腺ワールドの探検を楽しんでいただければ幸いだ。エネマグラ片手に女どもを見返してやれ！　ドライに達して百獣の王を目指せ！　グガガガガ！　分割金利手数料はジャパネット負担！　深夜に甲高い声で商品名を連呼するあの社長だって、一日にして財を築いたわけではない。健闘を祈る！

最後に……。人目を憚《はばか》る内容にも関わらず、果敢に出版計画を推し進めてくれた太田出版の日向泰洋氏とプランクの木村重樹氏に深くお礼申しあげます。

それから、重度のアル中をおして執筆に力を注いでくれた共著者のポッチン下条君。せっかく高い金出して買った、とっておきのゴメオを全部炙《あぶ》ってしまったり（炙っても効きません）、アル中ならではのミスを散々繰り返してくれたけど、おかげでいい本になったよ！　その他、ご協力いただいた各方面の有識者にも深く感謝の意を表わしつつ、さようなら。オムマニベメフム。

【クーロン黒沢】

ポッチン下条
（ぽっちん・しもじょう）

埼玉の奥地で防空壕のある旧家に育ち、色々な十字架をたくさん背負ったあげく、近頃アルコールの量が増えて赤ら顔に……。内臓の痛みと戦いながらも温泉に通い、犬の散歩に精を出し、ロシアのエロサイトに会員登録するなど、男にとっては夢のような生活を謳歌している。

クーロン黒沢
（くーろん・くろさわ）

東京生まれの江戸っ子。7年前からカンボジア在住でカースト3つ下のプノンペンっ子。恐らく、インドシナ半島では最先端を行くエネマグラ研究家でもある。他に研究してる人がいたら取り消すからメールちょうだいね！　趣味はX-BOXいじりと家庭菜園。
＊公式ホームページ
http://www.hehehe.net/users/kowloon

著者紹介

エネマグラ教典 ——ドライ・オーガズム完全マニュアル——

2004年8月15日 第1刷　　2014年10月2日 第11刷

著　者　クーロン黒沢・ポッチン下条
発行者　落合美砂
発行所　株式会社太田出版
〒160-8571 東京都新宿区愛住町22第3山田ビル4F
電話03-3359-6262 振替00120-6-162166
WEBページ　http://www.ohtabooks.com/

印刷・製本　株式会社シナノ

ブックデザイン　寄藤文平
イラスト　鈴木順幸
編集　木村重樹（Plank Co.,Ltd）
日向泰洋

ISBN978-4-87233-862-1 C0095